Shivani Shdema Goodman

B A B A J I

Am QUELL der WAHRHEIT

in

Haidakhan Vishwa Mahadam

Gertraud Reichel Verlag

Copyright c 1987 der deutschen Ausgabe
                Gertraud Reichel Verlag

Gertraud Reichel Verlag
Reifenberg 36, D 8551 WEILERSBACH
Erste deutsche Auflage März 1987

Amerikanisches Original: "Babaji - Meeting with
Truth at Haidakhan Vishwa Mahadham",
Dr. Shivani Shdema Goodman, März 1986,
Coleman Publishing, ISBN 0-8748-039-2

Deutsche Übersetzung und Bearbeitung
von Gabriele Blaschyk und Gertraud Reichel.

Druck: Peter Drewitzki, ERLANGEN
Einband: Buchbinderei Albang, NÜRNBERG

ISBN 3-926388-08-0

Dieses Buch ist ein Versuch, Babajis Botschaft zu vermitteln, ein Versuch, der auf meinen persönlichen Erfahrungen und meinem eigenen Verständnis beruht. Unzulänglich wie jeder Mensch ist, erhebe ich keinen Anspruch, Babajis Vollkommenheit unvoreingenommen und gerecht geworden zu sein.

Danksagung

Dank an

- Babaji, der mich lehrte, das Leben dem Tod und das Glück dem Schmerz vorzuziehen
- die vielen Menschen, Lehrer und Freunde, die, indem sie sich mir öffnen, meine Quelle der Inspiration sind
- John, meinem Mann, der mich Verantwortungsbewußtsein, Entschlossenheit und Ausdauer lehrte
- Steven, meinen Sohn, der mich lehrte, daß Kinder den Erwachsenen Ehrlichkeit, Reife und aufrichtige Teilnahme am Nächsten beibringen können.
- Gora Devi, Charlotte, Joan, Pamela
- meine zahlreichen Helfer auf dem Weg des Wachstums.

Ich bin gekommen, um zu geben,
doch wenige sind es,
die nach dem Eigentlichen fragen,
um dessentwillen ich gekommen bin.

BABAJI

Inhaltsverzeichnis

Haidakhan Vishwa Mahadam

Einleitung

Haidakhan, ein kleines Dorf im Staate Uttar
Pradesh, liegt etwa 17 km entfernt von Ranibagh,
Kathgodam. Etwas außerhalb, auf einem Hügel
gelegen, steht ein achteckiger Shiva Tempel, der im
Jahre 1840 erbaut wurde. Auf der anderen Seite des
Flußtales befindet sich eine Höhle, in der Babaji
im Juni 1970 im tiefen samadhi sitzend gefunden
wurde. Den Mythen nach existiert diese Höhle seit
der Erschaffung der Welt. Zwischen dem Tempel
und der Höhle fließt der Gautama Fluß, dessen
Quelle etwa ein Kilometer entfernt liegt. Dieser
ganze Komplex wird Haidakhan Vishwa Mahadam
genannt, was etwa "Größter Kraftort des Universums"
heißt.

Zum Tempel und den ihn umgebenden Ashram
führen 108 Stufen hinauf. Eines Tages, als wir die
steilen Stufen erklommen, sagte Babaji zu mir:
"Schreibe ein Buch!"
Ich fragte: "Wie soll es heißen?"
"Haidakhan Vishwa Mahadam"
"Gut", antwortete ich, obgleich ich den Ernst
seiner Worte bezweifelte. Vielleicht spielte er mit
meinem Ego?
"Es ist ein Befehl!" sagte er, "du, du, du!"
"Ich, ich, ich" antwortete ich verwirrt. Das war
1980. Wenn ich an diese Begebenheit zurückdenke, so
wird mir klar, daß ich über meine Erfahrungen auf
den drei Ebenen schreiben sollte, über die
physische, mental/emotionelle und geistige Ebene,
also über Leib, Seele und Geist. Mir gefiel diese
Idee damals, ich zweifelte jedoch an meiner
Fähigkeit. Nach diesem Auftrag machte ich von Zeit
zu Zeit Notizen über meine Erlebnisse mit Sri
Babaji. Diese Arbeit war mir meistens lästig, ich
fürchtete, daß analysierendes Aufzeichnen mein
intuitives Begreifen störe.

Fünf Jahre später erfüllte ich dann Babajis
Auftrag.

BABAJI

Etwas über mich

Nach drei Jahren und vier verlängerten Besuchen bei Babaji war ich schließlich überzeugt, daß meine Suche nach einem harmonischen Selbst wahr, endgültig und beständig ist. Zuerst stand ich meinen Erfahrungen mißtrauisch und skeptisch gegenüber. Ich fand so viele rationale Erklärungen, die meinen Erfahrungen widersprachen, bis sie beinahe den wunderschönen Wechsel von harmonischen Gedanken, Gefühlen und innerlicher Erbauung zerstörten. Zudem fürchtete ich mich vor dem Urteil meiner Umwelt. Wenn andere das, was ich als wahr erkannte, verspotteten oder abwerteten, ängstigte und verwirrte es mich, bis ich schließlich selbst an mir zweifelte. Mir war nicht einmal bewußt, in welchem Grade mich andere beeinflußten.

Dieses Verhalten stand konträr zu meiner beruflichen Laufbahn. Als Psychologin ist mir das Dozieren an Hochschulen vertraut, ebenso die Arbeit in Nervenheilanstalten und die verschiedensten Richtungen und Strömungen der Psychologie und ihrer angewandten Therapien. Mein Leben war diesem Feld gewidmet, um die wirksamsten und bewährtesten Methoden zu finden und weiterzugeben. Gestalttherapien, psychodynamische Therapien, Gruppentherapien, Transaktionsanalyse waren die Grundlagen dafür. Alles, was mich in meinem Leben bewegte, wurde so vollständig wie irgend möglich erforscht. Meine Erfahrungen gab ich dann an andere weiter.

Meine spirituelle Suche begann, als mein Sohn geboren wurde. Das Bewußtsein, für das Glück eines anderen

Menschen mitverantwortlich zu sein, erfüllte mich mit Ehrfurcht. Jedes Menschen Lebensglück ist zu wichtig, um darüber hinwegzugehen. Ich konnte nicht länger den Dingen ihren Lauf lassen. Mehr als je zuvor wünschte ich mir Harmonie, Liebe, Verständnis und eine gesunde Existenz. Die Verantwortung für die Gestaltung meines Familienlebens lag völlig bei mir. Mein Mann mußte sich um das Finanzielle kümmern, aber meine Aufgabe war es, dafür zu sorgen, daß wir ein harmonisches Leben führten. Oft fühlte ich mich hilflos, mir fehlte die Übung in der Kindererziehung. Welcher Weg war der beste für uns alle? Ich beriet mich mit Freunden und las Bücher wie die von Dr. Spock, Haim Ginnot, Derkheim, Effektivitätstraining für Eltern, etc.

Durch manche Ereignisse wurde mir bewußt, daß die wichtigste Arbeit bei mir lag. Wenn ich mich dahin brachte, innerlich voller Freude zu sein, würden alle um mich herum von selbst den Nutzen aus meiner freudigen Haltung ziehen. Diese Erkenntnis veranlasste mich, vier Jahre lang zweimal wöchentlich einen freudianischen Analytiker aufzusuchen. Es folgte die Arbeit mit einem Gestalt-Therapeuten, einem an Adler orientierten Therapeuten und einem Verhaltenstherapeuten, dann zahlreiche Encountergruppen, Marathons und Workshops.

Als meine Lebenseinstellung positiver wurde, tauchten neue Erkenntnisse auf, die mir halfen, mein Wissen in größerem Ausmaß an andere weiterzugeben. Ich erfuhr, daß die Möglichkeiten eines jeden grenzenlos sind und unser Bewußtsein sich zu ungeahnten Höhen aufschwingen kann. Diese Erkenntnis war eine Herausforderung, eine sehr verlockende Herausforderung. **Wäre** dies nicht der Weg, Frieden in der Welt zu schaffen? Sicherlich konnte ein Versuch nicht schaden; was hatte ich dabei zu verlieren? Krishnamurtis Bücher übten einen starken Einfluß auf mein Denken aus, aber Babaji zeigte mir einen klareren und deutlicheren Weg: Wenn ich Frieden für die Welt wollte, mußte ich mich zuerst selbst hundertprozentig in Frieden fühlen. Ich durfte nie anderen die Schuld für meinen Unfrieden geben, sondern mußte nach innen schauen und untersuchen, wodurch ich selbst Disharmonie schaffe. An diesem Abschnitt meiner Entwicklung wurde ich mir der Existenz negativer Gefühle und Gedanken bewußt, solchen wie Überheblichkeit, Minderwertigkeitskomplexen, Reizbarkeit, Eifersucht, Ärger, Empfindlichkeit usw. Obwohl diese Gefühle früher häufig vorkamen, tauchen sie heute - **dank Babajis Führung** - seltener auf. Dennoch gibt es vieles, an dem ich noch arbeiten muß, und so viel mehr, das ich an andere weitergeben möchte. Dieses Buch ist ein Teil dieses Versuches.

Es war im April 1982. Ich saß in Tel Aviv in einem Restaurant und aß mit meiner Schwester zu Mittag. Sie befand sich in einer schwierigen finanziellen Lage. Ich nahm Geld aus meiner Tasche, um ihr zu helfen, doch sie weigerte sich, es anzunehmen. Kurz entschlossen zog ich den Schein zurück, drückte ihn segnend an mein Herz und sagte: "Sei nicht albern, nimm das Geld und mach dir keine Sorgen. Du brauchst es ja nicht auszugeben. Verwahre es irgendwo, damit es dir Glück bringt."

Das Geld zu segnen erinnerte mich an einen Vorfall, bei dem sich vor meinen Augen Babaji im Sommer 1980 dematerialisierte, nachdem ich ihn und seine Begleiterin aus vollstem Herzen Liebe zugeschickt, also gesegnet hatte. Die Tiefe seiner Lehre wurde mir nun klar, und ich sagte zu meiner Schwester: "Ich begreife nun Babajis Lehre auf einer ganz anderen Ebene. Wenn ich oder irgend einer seiner Schüler fähig sein werde, jedes Lebewesen auf diesem Planeten aus vollstem Herzen zu segnen - so wie ich es eben mit Dir und dem Geldschein tat - dann besteht keine Notwendigkeit mehr für dessen physische Existenz." Meine Schwester grinste kommentarlos. Sie hatte keine Beziehung zu Babaji.

Dein Leben entspricht Deinen Vorstellungen

Es ist meine Absicht, Babajis Botschaft so unverfälscht wie möglich weiterzugeben. Eines Tages verlangte Babaji, daß ich mir mein Haar abschere. Aber ich sträubte mich. Ich wollte nicht glatzköpfig sein. Was mich bei der Ausführung seiner Anordnung zögern ließ, war mein Eigenwille. Ich erkannte ihn als Grund, der die Menschen am Glücklichsein hindert. Diese kleine Episode ist nur eine Parallele, eine Art Gleichnis.

Willst du glücklich sein? Willst du in Harmonie sein? Willst du erfolgreich sein? Alle diese Wünsche gehen auf der Stelle in Erfüllung, wenn du augenblicklich aufhörst zu denken, oder zu tun, womit du gerade beschäftigt bist und stattdessen aufmerksam diesen Worten folgst. Konzentriere dich und rufe das Gefühl des Glückes in dir wach. Sei glücklich! Du verdienst es. Du bist liebenswert, schon allein, weil du existierst und aus keinem anderen Grund. Du brauchst auch niemandem zu beweisen, daß du liebenswert bist. In deinem Inneren gibt es einen Ort des tiefsten Friedens und der reinsten Liebe, der für dich strahlt und für andere. Fühle die erquickenden Sonnenstrahlen hier und sende nun dieses Licht durch deinen Körper zu jedem und allem hinaus. Sage dabei: "Ich liebe dich" und "Sei geheilt". Dann stelle dir dein Leben so vor Augen, als wäre es schon vollkommen bis ins kleinste Detail.

Wäre es nicht wunderbar, wenn du fühltest, daß alle Menschen, die du triffst, dir wohlwollten und aufrichtig dein Glück wünschten? Ich möchte, daß du glücklich bist, und wünsche dir Gutes zutiefst aus meinem Herzen.

Bitte erlaube meinen Lichtstrahlen, dich zu erreichen, einzutreten. Sei in Harmonie! Es tut nichts zur Sache, wenn du zu unruhig bist, um geduldig zuzuhören, oder wenn du Disharmonie fühlst. An diesem Zustand krankt die Welt. Er kann berichtigt werden.

Was wünschen wir uns im Leben? Geld? Sex? Liebe? Berühmt zu sein, bewundert zu werden, angesehen? Und dann? Wenn du gesättigt bist, wirst du dann bereit sein, der Welt zu helfen, sie zu heilen und das Glück mit ihr zu teilen? Nur, wenn du im Einklang bist? Sei es! Du selbst bist verantwortlich für deine Gefühle. Niemand sonst. Warum verschwendest du dein Leben, das zu wünschen, was du nicht bist oder hast? Du kannst lernen, diese Gedanken zu beherrschen. Was fehlt, ist nur das Wissen dazu und die Übung. Es ist, als lerne man eine neue Sprache. Jeder von uns hat die Kraft in sich, sich zu heilen durch eine entsprechende Atmungstechnik und eine entsprechende Geisteshaltung.

Stell dir vor, du reistest in die Vergangenheit etwa 2000 Jahre zurück und du brächtest ein Flugzeug, einen Fernseher, ein Radio und ein Telefon mit. So geradewegs könntest du nicht unvermittelt erscheinen. Du würdest nur Aufregung und Verwirrung verursachen.

In der Grafik wird die Entwicklung einer Bevölkerung oft anhand einer steigenden und abfallenden Kurve dargestellt. Die höchstentwickelten Menschen befinden sich im rechten Eck, die weniger entwickelten im linken und die Mehrheit des Mittelmaßes dazwischen. Mit den höchstentwickelten Menschen meinen wir meistens solche, die aufgeschlossen sind gegenüber neuem Wissen, die bereit wären, von euch dazuzulernen. Die Mehrheit wäre zu beschäftigt, sich um das zu kümmern, was von ihnen erwartet wird, während die auf der linken Seite dich wahrscheinlich als Gott verehren würden oder versuchten, dich aus Unverständnis zu töten. Möglicherweise würden sie dich zum Führer eines Kultes ernennen...

Angenommen andererseits, es käme jemand aus der Zukunft hierher und erzeugte neben vielen anderen Änderungen in deinem Leben die folgenden:

- **lehrten dich, dich selbst zu heilen**
- **helfen dir, geistige oder ekstatische Erfahrungen zu machen (einige nennen es Körperorgasmus ohne Sex)**
- **führten dich zu friedvoller Harmonie in deinen Beziehungen**
- **verbesserten die Fähigkeiten eines Individuums als Therapeut**
- **zeigten dir, wie du deine Wünsche erfüllen kannst.**

Wie würde ein solcher Zukunftsmensch aussehen? Dies waren einige der vielen, vielen Veränderungen, die sich in meinem Leben ereigneten. Ich verdanke sie meinen Erfahrungen mit Babaji. Die Vervollkommnung meiner therapeutischen Fähigkeiten ragt als bedeutendstes Merkmal daraus hervor. Unverständlich erscheint mir nach meinem geistigen Erwachen die Tatsache, wieviel Zeit, Energie und Gedanken die Menschheit damit verbringt, sich über Aussehen und Kleider zu sorgen. Hat unser Körper Ewigkeitsbestand? In fünfzig oder sechzig Jahren wird er zu Staub geworden sein. Wäre es da nicht sinnvoller, mehr Zeit, Energie und Gedanken für die positive Entwicklung der Welt und zukünftige Generationen zu verwenden? Angenommen, ich würde morgen sterben, nie könnte ich mir verzeihen, die Weisheit, die ich gefunden habe, nicht an meine Nachwelt weitergegeben zu haben.

Einen Wunsch haben wir alle, auch wenn er nicht immer offen zutage tritt, nämlich für jeden Menschen aufrichtige Liebe zu empfinden, es nicht nur beim guten Willen zu belassen oder sie nur vorzutäuschen. So zu lieben heißt, sich selbst in den Hintergrund zu stellen, wunschlos sein. Der Zustand der Wunschlosigkeit war für mich die höchste Verzückung, die ich jemals erfahren habe. Er bedeutet, frei zu sein von Groll anderen Menschen und dem Leben gegenüber, weil die eigenen Wünsche unerfüllt blieben. Wenn es keinen Groll mehr gibt, dann gibt es nur Liebe. Und Liebe hat eine magische Eigenschaft - sie heilt. Noch erstaunlicher ist, daß - wenn ich wirklich fähig bin, meine Kümmernisse aufzugeben, die von unerfüllten Wünschen herrühren - diese Sehnsüchte bald in Erfüllung gehen. Eine Welt, die, um glücklich zu sein, von dem Wohlbefinden anderer abhängt, ist eine Welt, die auf Liebe gebaut ist.

Unterdrücke ich meine Emotionen wie Zorn, Gereiztheit oder Eifersucht, so schadet es mir. Das Gesündeste ist, diese Energien in positive Gefühle umzuwandeln, denn in Wahrheit liebe ich ja jedes menschliche Wesen. Wie schön ist es, überall glückliche, lächelnde Gesichter zu sehen, auf einem gesunden Planeten zu leben. Und wie einfach ist es, Negatives in Positives umzuwandeln. Überlasse dich einfach deinem höheren Selbst! Nenne es dein vollkommenes Selbst, oder nenne es das Selbst, von dem C. G. Jung sagt, daß es alles umgibt und wir alle in uns haben. Oder nenne es den Teil von dir, der jeden und alles bedingungslos lieben will. Es ist das harmonische Selbst, das der Menschheit dienen möchte.

Du selbst bist verantwortlich für deine Gefühle und Gedanken, NIEMAND anders. Oft überbewerten wir menschliche Handlungen, Umstände und vergangene Ereignisse in unserem Leben und bewirken dadurch ungute Gefühle in uns. Wie dem auch sei, letztendlich bist du derjenige, der die Wahl hat zwischen Wohl- oder Unwohlbefinden, zwischen positiver oder negativer Lebenseinstellung. Du bist es, der das Selbst kontrolliert und ihm befiehlt, was es zu fühlen hat. Es braucht nur ein wenig Übung und angewandtes Wissen, wie das Lernen einer neuen Sprache. Die Gebrauchsanweisung dazu ist Babajis Motto: WAHRHEIT, EINFACHHEIT, LIEBE.

Von Babaji hörte ich zum ersten Mal in dem Buch "*Autobiographie eines Yogi*" von Paramahansa Yogananda, 1945. Es fiel mir 1976 in die Hände. In einem der Kapitel war ein erstaunliches Wesen beschrieben, das BABAJI genannt wurde. Oberflächlich hörte sich die Geschichte wie ein schönes Märchen an, aber aus irgendeinem unerklärlichen Grund fühlte ich mich zu ihm und den beschriebenen Geschichten hingezogen. Augenscheinlich hatte er die Fähigkeit, einen Körper zu materialisieren, um, körperlich anwesend, seine Schüler von Zeit zu Zeit zu führen. Gewöhnlich blieb er nicht über längere Zeiträume hinweg in seinem Körper. Yogananda erwähnt, daß er Babaji zweimal in Visionen erlebte. Jedesmal blieb er einige Minuten anwesend, und Yogananda betrachtete sich deshalb als außergewöhnlich begnadet.

Babaji, ein *Mahavatar*, eine göttliche Inkarnation, weigerte sich, seinen Schülern irgendwelche Angaben über seinen Geburtsort und Geburtstag zu offenbaren. Er lebte viele Jahrhunderte lang inmitten von Eis und Schnee in den Himalayagebirgen. **"Jeder, der den Namen Babajis ehrfürchtig ausspricht, zieht augenblicklich seinen Segen auf sich herab."**

Ich versuchte, den Namen Babajis einige Male zu wiederholen, um zu sehen, ob ich besondere geistige Schwingungen fühlen würde. Ein Teil von mir wußte intuitiv, daß Babaji Wahrheit ist, der größte Teil von mir jedoch leugnete und verspottete diese Möglichkeit und betrachtete sie nur als ein spannendes Märchen. An anderer Stelle des Buches wird gesagt, daß man ihm begegnen konnte, wenn die Sehnsucht danach wirklich tief und echt war. Dann wurde man von ihm gehört - wo immer er sich gerade befand. Hatte man ein reines Herz, so konnten Gedanken ihn erreichen, und war man würdig, so konnte er eine Begegnung herbeiführen.

Ich durchleuchtete mein Inneres. War ich würdig genug, ihm zu begegnen? "Ja", war meine sofortige Antwort. "Warum nicht?" Dennoch fragte ich mich: "Was glaubst du, wer du bist?" Ich entschied mich, einen Versuch zu machen. Würde sich etwas Außergewöhnliches ereignen? Ich stellte mir bildlich vor, mit Babaji zu sprechen und sagte in etwa: "Wenn du wirklich existierst, Babaji, dann möchte ich gern deine Schülerin sein. Ich sehne mich stark nach so einem reinen Lehrer." Bald hatte ich diese Unterhaltung vergessen. Ich staunte jedoch über ungewöhnliche Vorfälle, die sich ab diesem Zeitpunkt in meinem Leben ereigneten, und zwei Jahre später befand ich mich zu Füßen Babajis am Fuße des Himalayas, an einem entlegenen Ort, so wie ich es mir nie hätte vorstellen können.

Einer der ungewöhnlichen Vorfälle, die mich auf Babajis Lehren in Amerika vorbereiteten, war das Zusammentreffen mit westlichen sadhus, den Schülern eines indischen Tantra Meisters. So, wie ich es verstand, gibt ein sadhu alle weltlichen Anhaftungen auf, um vollkommene Reinheit und höheres Bewußtsein zu erlangen. Ihre Spontaneität und Lebendigkeit zogen mich an. Durch sie wurde ich mit der Kundalini Meditation bekannt. Ich war beeindruckt von der Weisheit, die diese Schüler zu verströmen schienen. Ein sadhu fragte mich: "Wann fährst du nach Indien?"

Indien schien in meinen Vorstellungen außer Reichweite.

"Morgen", antwortete ich scherzhaft. "Warum nicht?" war mein nächster Gedanke. Es wäre sicher eine befreiende Erfahrung, einfach aufzubrechen und alles hinter mir zu lassen. Welch ein Luxus. Aber wie konnte ich diese Idee ausführen? Ich hatte für eine solche Reise kein Geld. Wenig später - als ich gerade diesen Gedanken ernsthaft erwog - bekam ich zum ersten Mal in meinem Leben über 2000 Dollar geschenkt. Noch nie zuvor hatte ich über eine solche Summe verfügt und plötzlich wurde mir klar, daß es mir bestimmt war, nach Indien zu reisen. Aus welchem anderen Grunde, wenn nicht aus diesem, war das Geld plötzlich aufgetaucht? Eine Woge der Aufregung durchflutete mich. Was hielt mich zurück? Mein Mann, mein Sohn und meine Arbeit. Nachdem ich die Angelegenheit durchdacht hatte, kam ich zu dem Entschluß, daß jeder zu Hause von einer solchen Indienreise Nutzen ziehen würde, vorausgesetzt, ich würde innerlich wachsen.

Kurzentschlossen beendete ich zu Hause meine Verpflichtungen als Psychologin in einer Klinik und als Dozentin am Kean College. Im Juli 1977 flog ich nach Indien und versuchte, ein sadhu zu werden. Ich erhielt den Namen Ma Prem Shivani (Mutter der Liebe), und mein Leben begann, eine neue Form anzunehmen. Heute im Nachhinein weiß ich, daß ich ohne diese ersten Erfahrungen Babaji nie verstanden hätte. Ich wäre fortgelaufen und hätte seine Lehren als unsinnig abgetan.

Indien war ein Paradies für mich. Dort schloß ich mich einigen Encounter-Gruppen an und ließ so viel Ungereimtes hinter mir. Die Therapien in den meisten Gruppen wurden nackt durchgeführt. Zuerst war mein Widerstand, die Kleider abzulegen, groß. Daraufhin meinte der Gruppenleiter verächtlich: "Dir als Therapeutin ist es peinlich, deine Kleider auszuziehen? Was geschieht, wenn ein Patient dir über sein Sexualleben erzählt? Ist dir das dann auch peinlich?"

Ich überdachte meine Sitzungen mit Patienten, und wirklich, ich hatte mich bisher immer unwohl gefühlt, wenn das Thema Sex berührte. Wie konnte ich anderen helfen, wenn ich selbst auf diesem Gebiet befangen war? So zog ich meine Kleider aus. Die Anpassung dauerte nicht lange, alles in allem war dieses nur ein belangloses Gebiet. Mit der Zeit wurde ich freier und neue Erfahrungen tauchten auf. So geriet ich in Zustände von Ekstase, oder, wie manche es nennen, Körperorgasmus ohne Sex. Mein ganzer Körper vibrierte in einem Energiefeld, in dem ich große Höhepunkte erreichte.

Während dieser Zeit in Indien ertappte ich mich oft dabei, an Babaji zu denken. Ich kam mir etwas beschränkt vor, dennoch offen für die Möglichkeit, daß er mir erschien. "Babaji, ich bin jetzt in Indien. Du bist es im Grunde, dem ich begegnen möchte."

Am Ende meines Aufenthaltes fragte ich mich, ob es für mich nicht seelich bereichernder wäre, ganz in Indien zu bleiben. Diese Aussicht war sehr verlockend. Dennoch entschied ich mich, nach Hause zurückzukehren. Meiner Familie und meinen Freunden wollte ich die gemachten Erfahrungen zugute kommen lassen.

Zurückgekehrt blieb ich ein weiteres Jahr bei dieser Gruppe. Zu Zeiten war mir dies peinlich und ich schämte mich sogar, einen Guru zu haben. Meistens jedoch fühlte ich mich glücklich und zufrieden. Zu Hause begegnete ich einer Menge Widerstand. Meine Freunde unterstützten mich zuerst aus Neugier bei diesem neuen Unterfangen. Später machten sie mein gewonnenes Wissen und meine Einsichten ängstlich, sie mieden mich. Aber auch ich wurde unruhiger. Ich traute meinem Urteilsvermögen nicht und sehnte mich nach Bestärkung.

Heute bin ich gefestigt - die Ergebnisse meines Lebens bezeugen es.

Ich wollte es nicht hinnehmen, als unglaubwürdig oder als Spinner angesehen zu werden. Ein ganzes Jahr kämpfte ich mit mir, entweder zu meinen Erfahrungen zu stehen oder sie zu leugnen und zu vergessen. Es war nicht ehrlich, von einigen als Schüler eines Gurus betrachtet zu werden und dieses vor anderen zu leugnen. So entschloß ich mich, das scheinbar Widersinnige aufzugeben.

In der nächsten Zeit leitete ich therapeutische workshops und Seminare für Leute wie mich, die keine tiefgreifende psychologische Arbeit brauchten, die aber gerne ihre Lebensqualität verbessern wollten. Während einer der workshops kündigte ich an, daß ich meinen Namen wieder in Shedma ändere und nicht länger Schülerin eines Gurus war. In der gleichen Woche begegnete mir Leonard Orr, der über sein Treffen mit Babaji zu erzählen begann. Voll ungläubiger Aufregung sprang ich förmlich vom Stuhl. "Du meinst doch nicht etwa den Babaji aus der "Autobiographie eines Yogi?" "Doch, er ist es, von dem ich spreche." "Das ist doch nicht möglich" rief ich. "Er ist in einem Körper?" "Ja, er materialisierte sich 1970!"

Ich konnte nicht umhin, skeptisch zu sein. Es war zu schön, um wahr zu sein. War es möglich, daß Babaji doch keine Märchengestalt war? Freude und Argwohn zugleich stiegen in mir hoch.

Babajis Lehren sind eine Kombination der zahlreichen Therapien, die ich studiert habe, und noch viel mehr. Es war erstaunlich. Erstaunlich mag das falsche Wort sein. Verwirrt und überwältigt sind wahrscheinlich auch nicht ausreichend, um meine Gefühle auszudrücken. Von Freud zu Verhaltenstherapien... Freud: Der Patient erzählt und der Therapeut hört zu, man assoziiert frei, damit Unbewußtes bewußt wird.... Im Kontrast dazu schien Babaji fähig zu sein, meine Gedanken wie ein Buch zu lesen. Ich brauchte nichts zu sagen, dennoch schien er genau zu wissen, was in mir bewußt und unbewußt ablief, und er antwortete mir in Übereinstimmung mit meinen Gedanken.

Die Freud'sche Therapie lehrte mich zu denken, Gestalt- und Transaktionsanalyse zu fühlen. Mein Tantra Guru lehrte mich, meinen äußeren Körper zu befreien und ihn als gesundes, wunderbares Instrument anzusehen. EST lehrte mich, Interesse an anderen zu haben und ihnen zuzuhören. Yoga und Meditation lehrten mich Gesundheit. Babaji lehrte mich, Freude an meinem inneren Körper zu haben. Er lehrte mich, wie man das Höhere Selbst verehrt - den Teil von uns, der göttlich ist.

Ich suchte einen freudianischen Analytiker auf, einen Gestalttherapeuten, einen Adlerianer, einen Primal- einen Multimodal-, einen Transaktionsanalytiker. Ich versuchte Rolfing, Rebirthing, EST, Akutalisierung, Chareeva und "Loving Relationships Training". Familientherapie, Hypnose, Biofeedback etc. folgten. Nenne, was du willst, ich habe alles ausprobiert. Jedes Training öffnete eine neue Tür, und dadurch gab es viel Bewegung in meinem Leben.

Ich wünschte mir ein vollkommenes Leben, aber ich wußte nicht, wie ich es erreichen sollte. Deshalb experimentierte ich mit zahlreichen therapeutischen, erzieherischen, philosophischen und geistigen Modellen. Mein Ideal war Liebe und Anerkennung für jeden Menschen. Konnte dieses Ideal verwirklicht werden? Wenn ja, so war ich bereit, dafür Opfer zu bringen und mich jedem nur möglichen Training zu unterziehen. Ich erkannte, daß es um so viel leichter ist, in einem negativen Zustand zu verharren. Viel Energie ist nötig, um sich aus einer solchen Phase zu lösen.

Es gab Dinge um Babaji, die in mir Opposition auslösten. Zum Beispiel grollte ich den Schülern, die Babaji als Gott verehrten. Dennoch, es war etwas sehr Bewegendes, sie in ihrer Hingabe zu sehen. Die Menschen waren bereit, sich zu demütigen, ihren Stolz aufzugeben, um zu lernen, liebende menschliche Wesen zu werden. Wie ich, so waren sie bereit, sich nahezu allem zu unterziehen, um von Babaji zu lernen. Anfangs fühlte ich mich davon irritiert, daß seine Schüler sich völlig seinen Lehren und Anweisungen übergaben, besonders, wenn ihr Haar geschoren werden sollte.

Der Denkprozeß, der meinem Wachstum im Wege stand, war folgender:
Eine meiner engsten Freundinnen zu Hause warnte mich davor, daß sie es nicht tolerieren würde, wenn ich mein Haar scherte. Sie war mir sehr ans Herz gewachsen, und ich wollte ihre Freundschaft nicht verlieren.

Ich brauchte auch Unterstützung und Ermutigung von meiner Familie und Freunden auf meinem Weg. Sie konnten sie mir aber nicht geben. Vielmehr wurde ich verspottet, belächelt, entmutigt und oft als Sonderling und Spinner abgetan. Es gab Zeiten, in denen ich mich wie versteinert fühlte und glaubte, alles Gewonnene zu verlieren. Doch mein inneres Selbst blieb ruhig und friedvoll während aller scheinbaren äußeren Unruhen. "Du bist auf dem richtigen Weg, bleib dabei, du bist nahe daran, die Wahrheit zu entdecken, es wird sich alles zum Guten wenden, du wirst sehen, du wirst zu guter Letzt nur mehr Gutes schaffen." So klang diese innere Stimme in mir.

Es gab Zeiten, in denen ich alles aufgeben wollte. Zu Hause waren alle gegen meine Reisen zu Babaji und man machte mir absichtlich das Leben schwer. War ich endlich bei Babaji, gab er sich den Anschein, als täte er mir einen Gefallen, mich bei sich zu behalten. Ich mußte mich an neue, harte Regeln halten, wurde obendrein von vielen Insekten gestochen, unerträgliche Hitze beeinträchtigte mein Wohlbefinden, ganz zu schweigen von den Würmern im Stuhl, der Angst vor dem Unbekannten, vor gefährlichen Wanderungen, Schlangen, Tigern etc. War das alles den Kampf wert?

Nicht eine Sekunde davon wollte ich missen - ich entdeckte, daß mein Leben meinen Vorstellungen entsprechen würde - genau so wie ich es mir ausmalte. Diese Visualisierungs-Übungen sind in meinem Buch "Aliveness" ausführlich beschrieben.

Reise zu BABAJI

Sobald ich von Babajis physischer Anwesenheit wußte, war ich entschlossen, ihm zu begegnen. Ich schrieb sogar nach Haidakhan um Erlaubnis, ihn besuchen zu dürfen. Während ich auf Antwort wartete, bereitete ich meine Reise vor. Zwei Monate vergingen ohne ein Wort, aber ich war nicht gewillt, ein Nein als Antwort hinzunehmen. So brach ich auf. Es würde sich bestimmt lohnen, ihm auch nur einen Augenblick ins Antlitz zu schauen, selbst wenn er mich zurückschicken sollte.

Die strapaziöse Reise, die vor mir lag, bekümmerte mich nicht. Aus irgendwelchen Gründen ließ mich alles unberührt. Mein inneres Selbst schien um den Erfolg der Reise zu wissen.

In Delhi angekommen, nahm ich Kontakt zu Joshi auf, dessen Name und Adresse mir Leonard Orr vermittelt hatte. Joshi riet mir, einen Nachtbus nach Haldwani, einer Kleinstadt im Uttar Pradesh Staate, zu nehmen.

Die Nachtfahrt dauerte über neun Stunden und die harte Holzbank, auf der ich saß, wird mir immer in Erinnerung bleiben, auch die Ungewißheit, im richtigen Bus zu sitzen. Die Nummernschilder an der Frontseite des Busses waren in Hindi geschrieben, und niemand schien Englisch zu sprechen. Auf der Fahrt wurden wir auf halber Strecke vom Monsunregen überrascht. Es schien, als fiele der Himmel herunter. Der Bus mußte einige Male halten, und glücklicherweise war mir nicht bewußt, wie gefährlich nachts in Indien Reisen sind. Schließlich erreichten wir in früh gegen 4.30 Uhr eine Kleinstadt. Auf meine Frage, ob das Haldwani sei, wurde ich nur angestarrt. Mich verließ die Hoffnung, am richtigen Ort angekommen zu sein.

Als ich aus dem Bus stieg, trat ich in eine Pfütze. Das Wasser stieg mir bis ans Knie. Ungläubig rief ich aus: "Babaji, soll das ein Witz sein?" Fassungsloser noch war ich über mein durchweichtes Gepäck, das auf dem Dach des Busses gelegen hatte. Zweifel befielen mich. "Hoffentlich ist es wirklich der echte Babaji, dem ich begegnen werde, und nicht irgendein Verrückter," dachte ich. "Hoffentlich bin nicht ich verrückt, weil ich all das über mich ergehen lasse!" Trotz dieser Zweifel war mein inneres Wissen um die Richtigkeit der Dinge vorhanden, ich erkannte sogar die Komik dieser Situation. Mir war, als liefe ein Film vor meinem inneren Auge ab, der meine Aufrichtigkeit auf der Suche nach Wahrheit durchleuchtete.

Als ich mich wieder unter Kontrolle hatte, fragte ich nach einem Taxi. Unverständliches Gemurmel und Gesten waren die Antwort. "Mein Gott", dachte ich, "die Situation wird immer schlimmer. Sogar das Wort "Taxi" scheint hier keinem etwas zu sagen."

Eine halbe Stunde stand ich bis zu den Knien in der Wasserlache und wußte nicht, ob ich weinen oder lachen sollte. Schließlich kam ein kleiner Junge auf einer Fahrradriksha herbei und deutete mit fremdartigen Lauten auf das Gefährt. Konnte ich es wagen, mich von ihm zu der angegebenen Adresse bringen zu lassen? Auf meine Frage, ob er das Kailash Hotel kenne, begegnete ich wiederum unverständlichem Gemurmel. "Komm schon", beruhigte ich mich selbst, "du weißt doch, daß dir nichts auf dem Wege zu Babaji geschehen kann." Dieser Gedanke entstammte der "Autobiographie eines Yogi", und so ließ ich mich von dem kleinen Jungen führen. Er nahm mein Stück Papier in die Hand, und gemeinsam gingen wir die vom Regen aufgeweichten Straßen entlang. Ab und zu fragte er einige Passanten nach der Richtung des Weges und überließ mich wieder einmal meiner Überlegung, ob wir das richtige Hotel erreichen würden. Nach einiger Zeit gelangten wir an ein Tor, an das mein Führer wieder und wieder pochte. Niemand antwortete. Wir warteten wie mir schien, eine Ewigkeit, bevor ein kleiner magerer, alter Mann das Tor öffnete und mich einließ. "Ist dies das Kailash Hotel?", fragte ich. Undeutliches Gemurmel war die Antwort. Ich gab dem kleinen Jungen einige Rupien und folgte dem alten Mann. Dieser öffnete einen kleinen muffigen Raum, der aussah wie ein Teil einer Hühnerfarm. Ein Bett, dessen Liegefläche aus Seilen geflochten war, stand im Zimmer. Erschöpft legte ich mich darauf und zweifelte an meinem Verstand, nicht vor Antritt der Reise detaillierte Erkundigungen eingezogen zu haben. Ich hatte es einfach für selbstverständlich gehalten, daß ich wohlbehalten ankommen würde. Die verlockende Aussicht, Babaji in Fleisch und Blut zu begegnen, hatte mich für alles andere blind gemacht. Nichts, aber auch gar nichts, hätte mich aufhalten können. Warum sich also mit dem Zukünftigen, dem Ungewissen beschäftigen?

Kleine Eidechsen oder ähnliches Getier krochen umher, und bald begann mein Körper überall zu jucken. Ich konnte nicht schlafen und wälzte und drehte mich auf dem Bett umher, während ich auf den Morgen wartete.

Sobald es dämmerte, erhob ich mich, um nach einem Englisch sprechenden Wesen Ausschau zu halten. Es drängte mich, herauszufinden, ob ich mich am richtigen Ort befand. Der kleine alte Mann lief mir über den Weg. "English?" fragte ich. Er schüttelte verneinend den Kopf. Entmutigt stand ich herum. Schließlich kam Joba, ein Inder, zu mir herüber. Er sprach Englisch und erzählte mir von Babaji. Meine Erleichterung war groß und ich ermahnte mich selbst: "Siehst du, du hättest viel mehr Freude erfahren, hättest du deinem inneren Wissen mehr Freiheit und Vertrauen zugestanden!" Totales Vertrauen ist der Schlüssel zu allem. Die Gespräche mit Joba verzückten mich. Babaji war so nah. "Was beeindruckt dich am meisten an Babaji?" Joba lachte: "Er ist so anziehend, es ist seine magnetische Anziehungskraft. *Jeder, der ein reines Herz hat, kann nicht anders, als sich zu ihm hingezogen zu fühlen.*" "Was möchtest du von ihm?" fragte ich weiter. "Vieles. Er ist die Sonne, wir befinden uns im Schatten. Er kann so vieles. Er kann uns verändern"! "Und was kannst du Babaji geben?" "Ich will ihm bedingungslose Liebe entgegenbringen, weiß aber nicht, ob es mir gelingt. Babaji ist so reich innerlich, ich glaube nicht, daß er überhaupt etwas benötigt." "Was beeindruckt dich am meisten an Babaji?" fragte ich neugierig. "Er ist ein so kraftvolles Wesen, beeindruckend auf allen Gebieten. Du kannst schauen, wohin du willst, es gibt nichts und niemanden, den er nicht überwältigt durch seine Art."

Es war Monsun. Deshalb riet mir Joba, ein paar Tage zu warten. Es sei gefährlich, um diese Jahreszeit über die Berge zu wandern. Babaji zu sehen, bedeutete mir alles. Bei diesem Gedanken wurde mir sogar meine

Umgebung zum Paradies. Die Überzeugung, daß Babaji der Mahavatar aus der "Autobiographie eines Yogi" war, wurde stärker, zumal Jobas Geschichten auf der gleichen Linie lagen mit dem, was ich wußte.

Das Essen im Hotel war schlecht, zu sehr gewürzt und fremdartig für meinen Geschmack. Manchmal war es sogar unappetitlich. Ich aß, was man mir vorsetzte, und einige Male schmeckte es sogar.

Nach dem fünften Tag meiner Ankunft klärte sich das Wetter auf, Joba und ich und einige Träger begannen die Berge zu erklimmen. Bergsteigen war mir fremd und ermüdete mich rasch. Ich wurde langsamer und langsamer. Wurde der Abstand zwischen der Gruppe und mir zu groß, ängstigte mich bisweilen der Gedanke, daß ich den Weg verlieren könnte. Wir kletterten die meiste Zeit des Tages. Als wir uns nach unendlich langer Wanderung dem Ziel näherten, war mein Körper taub. Er bewegte sich wie ein Roboter mit gefühllosen Gliedmaßen. Angekommen in Haidakhan, badeten wir im Fluß und warteten dann eine geraume Zeit auf Babaji.

Mitten in der Stille hörte ich plötzlich Aufruhr und Aufregung überall. Kam Babaji? Ich bemerkte ein paar Inder, die sich näherten, doch niemand war unter ihnen, den ich als Babaji identifizieren konnte. Dann teilte sich die Gruppe, und ich erblickte einen jungen Mann, der sich von den anderen abhob. Er sah so einfach aus. "Das ist Babaji!" dachte ich. Mein Herz sank. Er sah so bescheiden aus. War ich am falschen Ort? War die ganze Reise, waren die Strapazen umsonst gewesen? "Das kann doch unmöglich Babaji sein", dachte ich.

Die Leute verneigten sich, berührten seine Füße mit den Händen, mit dem Kopf nach indischer Sitte. "Ihre Art, sich zu demütigen, ist abstoßend", dachte ich. "Nie könnte ich es ihnen nachtun!" Ich legte meine Hände in der üblichen Namaste-Haltung zusammen und nickte in seine Richtung. Seine schwarzen Augen blickten mich unverwandt an. Einige Frauen schoben mich näher zu ihm heran. Ich bemerkte es kaum. Ich sollte seine Füße berühren! Ich kam mir plump und verlegen vor, während ich mich ihnen widersetzte. Endlich gab ich ihrem Drängen nach. "Was soll das ganze?" dachte ich, "Ich kann ihnen ebenso gut den Gefallen tun" und berührte Babajis Füße mit einem Finger. Als ich dann aufblickte und mich umsah, fielen mir die vielen westlichen Schüler auf. Alle hatten geschorene Köpfe. Ihr Anblick erfüllte mich mit Widerwillen und bestärkte mich in dem Gefühl, am falschen Ort und vergebens gekommen zu sein. Ich hatte so viel Zeit verschwendet.

Als mir diese Gedanken durch den Kopf wirbelten, rief Babaji mich zu sich und fragte: "Warum bist du hergekommen?" Ich versuchte, eine akzeptable Antwort zu finden, sagte dann aber einfach: "Ich weiß es nicht." "Du weißt es nicht? Dann geh fort. Morgen kannst du gehen". Babajis Antwort kam wie aus der Pistole geschossen. Ich war mir nicht sicher, ob ich sie ernst nehmen sollte. Außerdem wußte ich nicht, ob ich überhaupt in Haidakhan bleiben wollte. Joba legte sogleich ein gutes Wort für mich ein: "Sie kam allein den ganzen Weg von Amerika!" Babajis Entscheidung jedoch schien festzustehen. Mir wurde ein Raum mit zwei kahlköpfigen deutschen Frauen zugewiesen. Aus Unkenntnis hatte ich keinen Schlafsack mitgenommen, so verbrachte ich die Nacht auf dem nackten Fußboden. Es war sehr unbequem, auch berührte etwas in der Dunkelheit fortwährend meine Füße. Ich war zu ängstlich, um nachzusehen, was es war. Dennoch und trotz der äußerst unbequemen Lage fühlte ich mich sanft gebettet durch ein mir ungewohntes friedvolles inneres Wissen.

Am Morgen sprach ich mit anderen Anwesenden aus dem Westen, um ihre Eindrücke von Babaji zu hören. Sie waren alle felsenfest davon überzeugt, daß er der echte Babaji war. Ihre starke Gewißheit erweckte in mir den Wunsch, länger im Ashram zu bleiben. Ich wollte gerecht urteilen können. So gegen sechs Uhr in der Früh versammelten sich die Anwesenden zur Andacht. Babaji erschien etwa eine Stunde später zum darshan. Als er mich sah, sagte er mir wieder, ich solle den Ashram verlassen. Aufgebracht über diese erneute Zurückweisung stand ich auf, stemmte meine Arme in die Hüften und widersetzte mich ihm: "Du bist nicht wirklich Babaji", sagte ich dreist. "Du bist nur ein Dorfbengel, der vorgibt, Babaji zu sein. Außerdem ist es widerlich mit anzusehen, wie die Menschen sich vor dir vorneigen. Dies ist sehr gefährlich".

Ohne auch nur im geringsten von meinen Worten berührt oder gar aufgebracht zu sein, begann Babaji mir meine vielen Fragen zu beantworten, die mich in der Zwischenzeit bewegt hatten. Woher wußte er alles? Zu niemanden hatte ich auch nur ein Sterbenswörtchen gesprochen. Heute kann ich mich nicht mehr an all diese Gedanken erinnern, die mir durch den Sinn schossen, aber über zwei Anwesende hatte ich mich gewundert und sie als absonderlich abgetan. Ich hatte auch gemeint, es gäbe hier zu viele Deutsche.

"Siehst du diese beiden da", sagte Babaji, "sie sind beinahe Heilige... und ich mag die Deutschen." "Ja, die Deutschen mochten Hitler auch!" antwortete ich. "und sie befolgten seine Befehle!" Insgeheim begann ich mich zu fürchten. Er könnte mich töten, durchfuhr es mich. Ich entschloß mich, ihn zu prüfen: "Vielleicht sollte ich ein wenig Haschisch rauchen? Dadurch werde ich manchmal sensitiver." "Drogen sind im Ashram nicht erlaubt.. Ich kann die Gedanken der Menschen über Hunderte von Meilen lesen," sagte er. Entsetzt rief ich mir einige meiner Gedanken in Erinnerung und begann zu schlottern.

Der Rest der Unterhaltung ist mir entfallen, aber später erzählte mir Gaura Devi, eine ständig im Ashram anwesende Italienerin, daß Babaji mich wohl gemocht haben mußte. Normalerweise führte er nie so lange Unterhaltungen. Sie gab mir den Rat, mich bei ihm zu entschuldigen und ihn zu bitten, länger bleiben zu dürfen. Eine Weile ging ich unruhig umher und überlegte mir, warum ich eigentlich gekommen war. Ich erinnerte mich an die Aussage der "Autobiographie eines Yogi". Babaji war darin beschrieben als der reinste Lehrer, den der Planet jemals hervorgebracht hatte. Er war dieser reine Meister, nach dem ich mich sehnte. Tränen stiegen in mir auf und ich bemerkte die Schönheit der Landschaft mit den hoch aufragenden Bergen und dem Fluß unterhalb. Ich ertappte mich bei dem Gedanken, dieses Paradies eigentlich nicht verdient zu haben. An diesem Punkt angelangt, tauchte Babaji vor mir wie aus dem Nichts auf

und fragte, auf die Berge weisend: "Gefallen sie dir?"
"Ja", war meine Antwort.

Er schritt weiter, und ich erinnerte mich daran, daß
ich nicht auf die schriftliche Erlaubnis, nach Haidakhan
zu kommen, gewartet hatte. Wenn ich es nicht verdiente,
hier zu sein, dann sollte ich natürlich gehen, dachte ich
und ging in mein Zimmer, um zu packen. Es gab noch
andere, die aufbrachen. Sie waren im Teehaus. Ich ging
zu ihnen hinüber. Als ich dort ankam, stand Babaji im
Teehaus auf einem Stein. Er wies auf mein Gepäck und
fragte: "Kannst du das alles tragen?" Ich schaute mein
Gepäck an und wußte nur zu gut, daß es mir unmöglich
sein würde, es über die Berge zu tragen. Also schüttelte
ich verneinend den Kopf. "Willst du auf ein Pferd warten?" "Ja". "In Ordnung. Morgen bekommst du eines". Ich
fühlte mich erleichtert.

"Babaji läßt fragen, ob du einen Tee trinken
möchtest", übersetzte jemand. Ich bejahte dies, während
ich darauf wartete, was als nächstes passieren würde.
"Er fragt, ob es etwas gibt, was du dir wünscht... egal
was", sagte der Übersetzer. Meine Gedanken begannen
zu rasen. Ich erinnerte mich, daß Babaji alle Wünsche
erfüllen kann, und ich fühlte mich irgendwie dumm und
verlegen, daß ich immer noch im Innersten an ihn
glaubte. "Ich wünsche mir eine Matratze für die
Nacht"."Das geht in Ordnung. Welche Wünsche hast du
noch?" Verpaß diesmal nicht wieder die Gelegenheit,
dachte ich. Er gibt dir noch eine Chance. Bitte um etwas,
was du wirklich willst wie Erfolg, Geld, Weisheit etc. Alles, was ich jedoch antworten konnte, war: "Eine Decke."

"Auch die bekommst du. Du kannst einen dritten Wunsch äußern. Wünsch dir, was du willst." Noch verwirrter als vorher sagte ich Schaf zu ihm, ich wolle ein Kopfkissen. "O.K." war seine schnelle Antwort.

Ein tröstlicher Gedanke huschte mir durch den Sinn. Wenn er wirklich Babaji ist, dann kennt er meine geheimsten Wünsche. Möglicherweise wird er sie mir erfüllen, gleich, ob ich nun darum bitte oder nicht. Hoffnung keimte in mir, dennoch war ich enttäuscht von meinen Antworten. Vielleicht ist alles nur ein Spiel? Ich bezweifelte, daß dieser Ort auch nur eine Matratze, eine Decke und ein Kopfkissen aufweisen konnte.

Babaji kam später mit einem liebevollen Blick zu mir und übergab mir eine dünne, gesteppte Matratze. Ich fühlte mich glücklicher und entspannter und begann, überall Babajis Gegenwart zu spüren. Ich war wohlbehütet und beschützt. Alle meine physischen Bedürfnisse würden sich langsam erfüllen.

Das Leben im Ashram war sehr schwierig, dennoch ein Paradies. Als Hauptschwierigkeit entpuppte sich das Fehlen einer Toilette. Um mich zu erleichtern, mußte ich 108 steile Stufen hinunter zum Flußtal klettern und dann wieder hinauf. Zu meiner Bestürzung entdeckte ich bald, daß ich Würmer im Stuhl hatte. Dies kam wohl häufiger dort vor. Unter diesen und anderen physischen Beschwerlichkeiten quälte mich die große Hitze. Bösartige Stiche hinderten mich am Schlafen, und ich kratzte mich nächtelang.

Wenn ich jetzt auf diese erste Begegnung zurückblicke und meine Wünsche zu der Zeit analysiere, stelle ich fest, daß alle unausgesprochenen Sehnsüchte erfüllt worden sind. Ich lernte, daß Babajis einfache Lehren jedem Menschen die Erfüllung seiner Wünsche bringen können. Diese Lehren sind kurz zusammengefaßt: WAHRHEIT, EINFACHHEIT, LIEBE, OM NAMAH SHIVAY (Herr, Dein Wille geschehe) und KARMA YOGA. So einfach sind sie.

..."Und Wahrheit schafft Erfolg, weil derjenige, der die Wahrheit sagt und danach lebt, erfolgreich ist in allem, was er unternimmt. Wahrheit stärkt die Willenskraft. Eine Person, die um etwas ringt, wird ganz von selbst die Willenskraft entwickeln, siegreich aus dem Ringen hervorzugehen. Deshalb ist Wahrheit mit der sie begleitenden Willenskraft und dem Erfolg das erste Prinzip, das Babaji lehrte... Einfachheit bedeutet frei von Selbstsucht und Selbstgefälligkeit zu sein.....Liebe heißt: Liebst du deine Mitmenschen, so liebst du Gott."
(Interview mit Babaji im Sommer 1978)

OM NAMAH SHIVAY ist ein "maha"-Mantra, ein "großes" Mantra, eine gekürzte und kraftvollere Version des Mantras, das eine zentrale Stellung in allen vier Veden hat. Es wird "bija"-Mantra, Keim-Mantra, genannt. Je kleiner und konzentrierter ein Objekt ist, um so kraftvoller ist es. Ein Keim (Same) enthält in sich alle nötige Kraft, um einen mächtigen Baum hervorzubringen, und so ist er vergleichsweise kraftvoller als der Baum. Ebenso verhält es sich mit Om namah Shivay. Es ist der Keim, der Same einer längeren Version und somit ein ausgesprochen effektives, mächtiges Mantra. Ich erinnere mich an Babajis Worte: "Alles ist durch die Rezitation des OM NAMAH SHIVAY möglich. Wiederhole es 24 Stunden am Tag, sogar während des Schlafes".

Mein Leben in Haidakhan war eine faszinierende Mischung aus Märchen und Alptraum: extrem hart und zu anderen Zeiten ausgelassen, fröhlich und spielerisch. Manchmal war es das Paradies, manchmal die Hölle. Aber selbst, wenn ich meinte, durch die Hölle zu gehen, hatte ich innerlich Abstand zu dem Geschehen wie ein Beobachter, der einem Film zusieht. Babaji schien sich oft aus dem Nichts zu materialisieren, um mir feed-back meiner Gedanken und Handlungen zu geben. Hatte ich einen edlen Gedanken, so war er plötzlich da, um ihn zu bestätigen, zu bekräftigen durch Worte, Gesten oder dadurch, daß er mir ein Stück von einer Frucht oder einer anderen Köstlichkeit reichte. Er übergab mir ein Kleidungsstück oder lud mich zu einer im Ashram stattfindenden Teeparty ein.

Nach meinem ersten Tag mit Babaji, als ich noch glaubte, gehen zu müssen, fragte ich Gaura Devi um Rat. Was sollte ich tun, um länger als bis zum nächsten Tag zu bleiben? Sie schlug vor, daß ich Babaji sagen sollte, wie mir ums Herz war. Als er mir dann begegnete, entschuldigte ich mich für meine Arroganz und sagte ihm, daß ich willens wäre, mich von ihm führen zu lassen. Ich fragte auch, ob ich länger bleiben dürfe. "So lange, wie du möchtest", war seine Antwort.

Wie danke ich dir, Babaji, daß du mein Lehrer bist. Was für ein wundersamer Lehrer! Wie ist es möglich, daß ich so schnell vergesse. Wie war es möglich, so viele

Zweifel zu haben, wie war es möglich, daß ich anderen mehr vertraute als mir selbst? Warum ist es so schwierig, innerlich zu wachsen oder an dem Ort meiner Aufgabe zu bleiben? An dem Platz, an dem ich reine Liebe sein kann im Dienste anderer. Dort, wo ich wachsen kann, wo ich wie die anderen erstarke. Ich bin erschöpft, dennoch versuche ich es, den Anforderungen gerecht zu werden. Ich übergebe mich dir vollkommen.

Wer bist du eigentlich? Wer auch immer, du bist unfaßbar, unbeschreiblich. Noch nie habe ich eine solche Hingabe empfunden, noch nie entzückte mich das Leben und mein Körper dermaßen. Wie freue ich mich auf ein erfülltes Leben... das Hier und Jetzt bis zum letzten Tropfen zu genießen. Das Äußerste! Du bist Freiheit. Ich sehne mich nach dem Tag, an dem ich innerlich so gefestigt bin, daß mich nichts mehr erschüttern kann.

Eine Italienerin sagte einmal zu mir, bevor sie Haidakhan verließ: "Sei du selbst fünfzig Prozent. Die anderen fünfzig Prozent sei Babaji. Aber ich möchte hundertprozentig Babaji sein.

Ich erinnere mich an eine Begebenheit im Ahmedabad. Eines Tages fühlte ich mich so im Einklang mit mir selbst, daß ich fühlte und dachte: "Wer auch immer ich bin, das bin ich. Ich muß nicht unbedingt Babaji sein und sein geprägtes Muster. Ich kann mein eigenes Muster entwerfen und es leben. Die Gewißheit, richtig empfunden zu haben, brachte mich dazu, mich umzudrehen. Vielleicht gab mir Babaji eine Bestätigung? Mein Körper und meine Seele waren so frei. Kaum hatte ich ausgedacht, standen schon Babaji und Shastriji auf den Stufen der Treppe, so, als hätten sie sich materialisiert. Es war Ruhezeit, niemals zuvor war Babaji zu dieser Zeit im Freien. Ich ging hinüber, um sie zu begrüßen. Babaji sagte etwas zu mir, ich hörte seine Worte, aber verstand nicht deren Sinn. Und so wußte ich, daß es nicht wichtig war für mich, sie zu verstehen.

BABAJI

Reise zum Selbst

Bei meinem ersten Aufenthalt in Haidakhan wurde ich von Babaji geprüft. Er rief mich zu sich, und gemeinsam mit anderen gingen wir zum Dorf hinüber. Nach einer Weile sagte er zu mir, ich solle mich hinsetzen und auf seine Rückkehr warten. Nun saß ich da und wartete. Es fing zu regnen an, und ich fragte mich, ob ich nicht doch zum Ashram zurückgehen solle. Ich entschied mich, gemäß seinem Geheiß zu handeln. Ich saß auf dem Felsbrocken, den er mir zum Sitzen angewiesen hatte. Als der Regen stärker wurde, sah ich mich nach einem geschützteren Platz um, aber ich zögerte aufzustehen. Die Schüler um Babaji empfahlen, immer ohne zu fragen, genau seine Anweisungen zu befolgen. Wäre er enttäuscht von mir, wenn ich mich auf einen anderen Platz setzte? Ich stand auf, ging an eine andere Stelle und merkte, daß es dort nicht viel besser war. So ging ich zu meinem Felsbrocken zurück, spürte aber bald, daß ich den Regen dort stärker verspürte. Deshalb suchte ich wieder die andere Stelle auf und wartete.

Nach einer langen Zeit kehrte Babaji zurück. Seine Augen leuchteten, als er mich wartend vorfand. Beim Teehaus angekommen, bot er mir ein Glas Tee an. Dann bedeutete er jemandem, mir eine Zigarette zu geben und fragte: "Magst du?" Ich antwortete: "Ja", und fühlte mich ein wenig verwirrt, weil ich das Rauchen aufgegeben hatte. Zur gleichen Zeit freute ich mich, weil mir klar wurde, daß ich rauchen durfte. "Ich kann damit umgehen", dachte ich, "ich darf es mit Maßen tun und mich dran erfreuen."

Auf dem Rückwege zum Ashram hob Babaji seinen Arm und zielte mit seinem Finger auf ein imaginäres Objekt. Es sah aus, als schieße jemand mit einem Gewehr. Dabei fragte er mich: "Gefällt dir das?"

"Nein", antwortete ich mit Nachdruck und war etwas aufgewühlt. Deutete er etwa an, ich würde das Schießen mögen? Dann wurden mir meine Gedanken unmittelbar vor seinem Zielen mit dem Finger bewußt. Ich hatte einige Anwesende als mir minderwertig angeseheen. Ein wenig später fragte er: "Bekämpfen sich die Israelis und die Arbaber?" "Ja". "Wer ist groß? Die Israelis oder die Araber?" "Israel ist ein kleines Land, die Araber sind groß", sagte ich. "Nein, Israel ist groß". "Fein", war meine Antwort. "Wer gewinnt den Krieg?"

Ich erhob meine rechte Hand in einer Siegesgeste und wollte gerade sagen: "Wir, die Israelis", als er sich nach rechts umdrehte und einige Leute ins Gespräch zog. Ich war vergessen, er ignorierte mich völlig. Ich wartete und wartete, um ihm Antwort geben zu können. Mein Blick fiel auf meinen erhobenen Arm und plötzlich wurde mir schmerzlich bewußt, daß mein Bruder und meine Schwester im israelisch-arabischen Krieg gefallen waren.... Ich hatte verloren! Mein Arm fiel herunter, und während ich darauf wartete, Babaji zu antworten, drehte er mir schließlich seinen Kopf zu.

"**Wir beide verlieren**". Wortlos sah er mich an. Als ich zu meinem Platz zurückging, war mir, als hätte ich die Leute niedergeschossen, über die ich mich gestellt hatte. Ich begriff, daß ich einen subtilen Krieg angezettelt hatte.

Obwohl ich wenig Kontakt zu jenen Leuten hatte, wurde ich später von ihnen bei verschiedenen Gelegenheiten ohne ersichtlichen Grund gedemütigt. Ich war verletzt. Als ich meine Gedanken weiter verfolgte, wurde mir klar, daß sogar Gedanken einen Krieg auslösen können.

**Im Kriegsfall gibt es keine Gewinner, nur Verlierer.
Wir alle verlieren.**

Es dauerte eine geraume Zeit, bis ich begriff, daß niemand überlegen oder unterlegen ist.

**Die Menschen auf diesem Planeten sind gleich,
nur verschieden.**

Bei einer anderen Gelegenheit fragte ich Babaji, wie wir Frieden in der Welt schaffen können. Er sagte einer Deutschen, sie solle aufstehen und antworten. Ich erinnere mich an ihre Worte: "Gib niemals jemandem die Schuld für irgend etwas. Sieh nach innen und *frage dich, auf welche Weise du Unfrieden stiftest.*"

Ich brauchte lange Zeit, um diese Lehre zu verarbeiten. Sie wird mit der Zeit auch komplexer. Je ausgeglichener ich innerlich bin, umso deutlicher wird mir bewußt, was negative Auswirkungen auf mich hat und Spannungen verursacht. Je mehr Bewußtsein ich hier entwickele, umso leichter ist es, die Einflüsse aufzulösen, die mich ängstigen.

Zurückblickend erinnere ich mich an eine Reihe von Gelegenheiten, bei denen ich über Wege nachdachte, wie ich wohl Babaji bei seiner Arbeit helfen könne. Ich wollte auch für andere Wege finden, um ihnen selbstlos bei ihren psychologischen und emotionalen Problemen behilflich zu sein. Leicht fiel mir dies nicht. Mich dürstete nach Liebe, Anerkennung und Selbstbestätigung. Wer war ich, daß ich anderen Liebe und Hilfsbereitschaft geben wollte? Ich konnte anderen nur in dem Maße nützen, wie ich mich innerlich gestärkt fühlte. Dennoch sehnte ich den Zeitpunkt herbei, an dem ich persönlich nichts mehr brauchte, um für andere eine Stütze zu sein.

An jenem Nachmittag tanzte ich viel zu religiösen Klängen, während die anderen sangen. Ich fühlte mich so leicht und frei. Als Babaji zum darshan kam, forderte mich eine der anwesenden Inderinnen auf, weiter zu tanzen. Ich weigerte mich zuerst, es war mir peinlich, vor Babaji zu tanzen. Bei dieser Gelegenheit wurde mir bewußt, daß ich Hemmungen vor Autoritätspersonen und vor vielen Menschen hatte. "Dies ist meine Chance", dachte ich, "vielleicht verliere ich durch das Tanzen in der Öffentlichkeit meine Verlegenheit." Obwohl ich mich unwohl fühlte, zwang ich mich, aufzustehen und zu tanzen. Zuerst drehte ich Babaji den Rücken zu. Schließlich zwang ich mich, ihn anzusehen. Ich gab vor, mich wohl und ungehemmt zu fühlen, aber es gelang mir nicht. Dann bemerkte ich, wie Babaji etwas zu Gaura Devi sagte. Sie kam herüber zu mir: "Babaji sagt, du sollst morgen abreisen!" Sprachlos setzte ich mich hin. Schließlich ging ich voller Wut zu Babaji und fragte: "Darf ich nicht ohne deine Erlaubnis tanzen?" "Doch, du darfst!" Noch während er dies sagte, packte er meinen Kopf und stieß ihn mit Gaura Devis Kopf zusammen. Es tat weh, und impulsiv wollte ich zurückschlagen. Aber ich fürchtete mich vor den Konsequenzen. So zögerte ich eine Sekunde. Schlüge ich ihn nicht, so wäre ich ihm gegenüber befangen. Dies war die Gelegenheit, herauszufinden, ob es einen Grund gab, mich vor ihm zu fürchten, oder aber ob ich ihm trauen könne. Diese Gedanken schossen in Windeseile durch meinen Kopf, während ich ihm mit Wucht auf den Fuß trat. Unmittelbar danach strich ich ihm über die Stelle, wo ich ihm weh getan hatte. Ich war verunsichert.

"Verlasse sofort den Ashram", sagte er.

Gaura Devi erzählte mir später, daß sein Blick intensiv und sehr ernst gewesen sei. Niemand durfte ihn verletzen, und ich hatte gegen dieses Gebot verstoßen. Zurück in meinem Zimmer fragte ich mich, was diese seltsamen Ereignisse wohl bedeuteten.

Heute verstehe ich diese Begebenheiten. Täusche ich jemanden oder bin ich unehrlich, wenden sich die Menschen von mir ab, und ich werde aus meinem Gleichgewicht geworfen. Viele Jahre verstand ich diese Lehre nicht. Ein anderer Nachteil war, daß ich mit Komplimenten nicht umgehen konnte. Reagierten die Menschen positiv auf mich, so beging ich oftmals Dummheiten, um meinen Erfolg zu schmälern. Die Lektionen, die ich bei Babaji durchmachte, waren nicht sehr verschieden von denen, die wir alle im Leben lernen müssen.

Wäre ich fortgegangen, wie Babaji befohlen hatte, so hätte ich nicht einmal mehr den Rückweg gefunden. Der Ort, an dem wir uns befanden, war mir unbekannt, ich kannte noch nicht einmal seinen Namen. Deshalb entschloß ich mich, abzuwarten und mich den anderen anzuschließen. Als der Morgen kam, begannen wir unseren Abstieg. An einer Stelle konnte ich nicht mit den anderen mithalten und blieb zurück. Ich konnte kaum weitergehen, so erschöpft fühlte ich mich. Es war niemand mehr in Sichtweite. Panik überfiel mich. So sehr ich mich auch bemühte, ich konnte meine Angst nicht bezähmen. Die Tränen kullerten mir aus den Augen und ich fühlte mich hilflos und verlassen. Ich meinte, ich sei verlorengegangen. Unberührt von diesen Äußerlichkeiten schien mein inneres Selbst zu sein. Es wußte, daß dies ein weiterer Test unbegreiflicher Art war. Nach einer Weile erschien auch prompt ein Inder, der in eine bestimmte Richtung deutete. Ich folgte der Bewegung seiner Hand und hoffte, auf dem richtigen Weg zu sein. Mir wurde bewußt, daß mich andere oft fehlgeleitet hatten, obwohl sie hilfreich sein wollten. Ich setzte das Klettern und Weinen fort und ließ dabei angesammelten emotionalen Unrat von mir zurück.

Auf der Spitze des Hügels meinte ich, Hirulal und einige andere bekannte Gesichter zu erkennen. Ein Glücksgefühl stieg in mir hoch. Ich hatte es geschafft! Hirulal erklärte, daß ich die erste Frau war, die auf der Spitze des Hügels angekommen war. Ein paar Stunden später kam Babaji mit einer Gruppe von Leuten herauf. Ich ging zu ihm und glaubte, nach dem, was ich durchgemacht hatte, nun sicher bleiben zu dürfen. Babaji schaute mich an, sagte aber nichts. So setzte ich mich ein kleines Stückchen entfernt von ihm nieder und entspannte mich. Er hatte mich nicht weggeschickt! Kaum hatte ich diesen Gedanken ausgedacht, als er auch schon die Handbewegung des "Nun geh schon endlich" machte.

Es ist noch nicht an der Zeit zu bleiben, schloß ich aus seiner Geste. Ich fühlte mich zurückgewiesen. "Ich kann nicht... es ist zu schwer..." Dies waren meine

Hauptgedanken. Gefühle von Einsamkeit durchzogen mich, als ich mich aufmachte, noch einmal den Berg zu erklimmen. Mit dem Problem, vieles zu schwierig zu finden, hatte ich schon als kleines Mädchen gekämpft. Alles war schwierig, sogar das Essen. Dieser Kampf bestimmte mein ganzes Leben. Erst als mir dies bewußt wurde, schienen die Dinge plötzlich leicht machbar zu sein. In der Vergangenheit erlaubte ich es mir einfach, zusammenzuklappen oder ich kam zu der Überzeugung, untüchtig zu sein. Alles, was ich in solchen Situationen gerne wollte, war, mich ins Bett zu legen, um nicht wieder aufzustehen. Folgte ich diesem Impuls, hatte ich Schuldgefühle. Um dem entgegenzuwirken, stellte ich mir vor, ich sei krank. Anstatt wirklich krank zu werden und zu leiden, gebe ich vor, krank zu sein und erlaube mir den Luxus, so lange im Bett zu bleiben, wie ich mich ohne Schuldgefühle entspannen kann. Handle ich so und bin ich dann tatsächlich frei von Schuldgefühlen, dann merke ich, daß mir eine Menge Energie zufließt. Hierunter verstehe ich tantrische Philosophie. Diese Handlungsweise birgt die Gefahr in sich, so warnen die Tantriker, aus dem Sichgehenlassen nur schwer wieder herauszufinden. Hier halfen mir Babajis Lehren. Früher versank ich im Tantra, im Vergnügen, im Sich-hilflos-fühlen und Nicht-funktionieren-wollen. Überkommt mich heute dieses Gefühl, dann höre ich jedesmal seine Stimme sagen: "Geh!" und ich fange an, OM NAMAH SHIVAY zu rezitieren. Es ist erstaunlich, wie schnell sich meine Anschauungen änderten.

Ich erkannte, daß ich andere lieben muß, insbesondere Vorgesetzte oder Menschen, die in mir Gegenwehr hervorrufen und die selbst nicht fähig sind, Liebe zu geben und zu zeigen. Diese Lektion war sehr lehrreich, und Babaji hatte mich hinausgeworfen, um mich aufzurütteln.

Mit den anderen reiste ich zurück nach Haldwani. Erst am späten Abend sah ich Babaji wieder. Wie üblich ging ich zu ihm hinüber, um ihn zu begrüßen. Ein Teil von mir hoffte dabei insgeheim, bleiben zu dürfen, der andere Teil war sich sicher, daß ich bestimmt bleiben dürfte. Noch bevor ich Babaji erreichte, hallte sein lauter Befehl "Geh!" durch den Raum. Er gestikulierte ärgerlich mit seinem Arm und Körper in meine Richtung. Zwei Inder mit gestrengen Blicken gingen auf mich zu und sagten, Babaji wolle, daß ich gehe. "Reise ihm nicht nach!" Auch hatte Babaji beiden aufgetragen, mir wortwörtlich zu sagen: "Geh fort und sprich mit deinem amerikanischen Freund".

Tiefer Schmerz durchzuckte mich. Alle Ablehnung, die ich in meinem gesamten Leben erfahren hatte, wurde an die Oberfläche gebracht und mir war, als ob mein Herz in Stücke riß. So machte ich mich auf den Weg in mein Hotelzimmer. Im Kailash Hotel angekommen, fand ich dort unerwarteterweise einen Freund vor.

"Weiß Babaji, daß du hier bist?" fragte ich. "Hast du ihn schon getroffen?" Als er dies verneinte, berichtete ich von meinem Erlebnis: "Babaji warf mich hinaus und sagte, ich solle mit meinem amerikanischen Freund sprechen. Ich begriff nicht, was er meinte, hatte ich doch keine Ahnung, daß ich hier einem amerikanischen Freunde begegnen würde. Vermutlich meinte er dich." Wir sprachen eine Zeitlang miteinander, und ich teilte ihm in dem Gespräch meine Erlebnisse mit Babaji mit.

"Natürlich ist es das, warum er dich hinausgeschmissen hat", sagte mir der Mann. Du gabst ihm so viel Herrschaft über dich. Du läßt dich von jedem beherrschen.... Was du willst, ist Energie. Nimm sie!"... Er imitierte meine Haltung im Leben. Seine Worte ließen mich stutzen und nachdenken. Ich fürchtete die Eifersucht anderer dermaßen, daß ich mich lieber zurücksetzte, mich selbst zerstörte, als es zu wagen, anderen die Stirn zu bieten. Es war, als ob ich fürchtete, mich durch Gegenwehr selbst zu töten, sollte ich damit Erfolg haben.

Doch jetzt war ich willens, stark zu sein und erfolgreich. Ich bejahte es aus tiefstem Herzen. Die Affirmation "Ich verdiene es, gestärkt und erfolgreich zu sein", ist ein guter Ausgangspunkt zum Erfolg. Ebenso die Bestätigung "Wir verdienen Erfolg". Die Affirmation "Ich vertraue mir selbst" gilt für mich.

Die vier Wochen meines ersten Besuches bei Babaji waren schnell vorbei. Es war an der Zeit, nach Hause zurückzukehren. Einige Schüler Babajis, jene, die ihm am nächsten standen, durften monatelang bei ihm sein. Ich fühlte mich nicht vollkommen zufrieden, besonders weil ich Babaji in Unstimmigkeit verlassen hatte. Ich quälte mich mit dem Gedanken, entweder zurück nach Hause zu fliegen oder zurück nach Haidakhan zu gehen, um zu sehen, ob Babaji mich länger behalten würde. Vor dem gewohnten Leben in Amerika, dem alten Trott, fürchtete ich mich. Mein Mann würde meine Abwesenheit nicht tolerieren, und es konnten dadurch eine Menge Auseinandersetzungen entstehen. Auch sehnte ich mich nach meinem Sohn. Was sollte ich tun? Diese Unsicherheit bereitete mir martervolle emotionale Kämpfe. Die Kraft, so viel Auseinandersetzungen zu ertragen, hatte ich nicht. Es wäre wohl das beste, die ganze Reise zu vergessen. Beinhaltete die Reise so viel Leid, dann konnte sie es nicht wert sein. Mein inneres Wissen aber war sich bewußt, daß ein verlängerter Aufenthalt meinem Wachstum zugute käme. So schickte ich meinem Mann ein Telegramm, daß ich drei weitere Wochen bleiben würde.

Am nächsten Morgen standen wir früh auf in der Hoffnung, uns Babaji beim Rückweg nach Haidakhan anschließen zu können. Wir nahmen eine Motorrad-Riksha. Aber der Platz, wo sich Babaji aufgehalten hatte, war unauffindbar. Immer wieder kreisten wir in der Stadt, herum und es kam mir vor, als hätte er sich in Luft aufgelöst. Wir fragten viele Passanten, aber niemand schien Babaji zu kennen oder von ihm gehört zu haben. Verzweifelt entschlossen wir uns, die Klettertour selbst zu wagen. Ich war wie erstarrt, aber zur gleichen Zeit wußte ich innerlich, daß wir den Weg nach Haidakhan finden würden. Und wirklich, ein indischer Kuli willigte ein, uns zu führen. Der Fluß war sehr reißend und gefährlich. Die Monsunregenfälle, die fortwährend niedergingen, beunruhigten mich sehr, aber die Landschaft war hinreißend schön. Ich meinte ständig, entweder im Himmel oder in der Hölle zu sein. Zuzeiten glaubte ich, daß der angeheuerte Kuli keine Ahnung von der Richtung des Weges hatte. Eine Verständigung mit ihm war völlig hoffnungslos.

An einem Punkt waren wir so erschöpft und schwach, daß wir beide in Lachen und Weinen gleichzeitig ausbrachen. Wurde uns ein Streich gespielt? Teilweise war mir, als erkenne ich Gott. Die Landschaft sah aus wie sein Garten, sie rührte an mein Herz. Die Unannehmlichkeiten des Weges wuchsen. Wir waren durchweicht vom Regen und schmutzig und glitten mehrmals auf schlammigen Steinen aus. Zum Schluß ließen wir innerlich alles los und brachen in einen Lachkrampf aus. Zur Strafe mußten wir uns noch mit schmerzenden Bäuchen abgeben. Und nun schaute uns der Dschungel mit einem lachenden Gesicht an. Die ganze Atmosphäre war großartig. Mein inneres Selbst kommunizierte mit der Natur und ich wußte, daß wir auf dem richtigen Weg waren.

Spät am Nachmittag hatten wir Haidakhan erreicht. Selbst wenn Babaji uns nicht in den Ashram lassen sollte, waren diese Erfahrungen der Mühe wert gewesen. Ich erlebte mit erneuerter Intensität ein Gipfelerlebnis (Maslow), dem nichts vorhergegangenes glich. Als wir uns dem Ashram näherten, sah ich Babaji auf uns zukommen. Sicherlich war er von einem solchen schwierigen Aufstieg beeindruckt und wohl auch von unserem Mut, so daß er mich bleiben lassen würde....

"Geh", seine Handbewegung ließ keine Zweifel aufkommen. Ich erstarrte vor Bestürzung. "Du bist ein Nichtsnutz!" entfuhr es mir. "Bleib, wo du willst, aber nicht hier!"

Ich mußte also gehen. Bleiben konnte ich nur im Ashram. Ich kannte niemanden, auch keinen anderen Ort, nur das Kailash Hotel in Haldwani. Und es gab keine Möglichkeit, an diesem Abend dorthin zu gelangen. Babaji erlaubte meinem amerikanischen Freund zu bleiben.

Voller Panik ging ich ins Teehaus. Ich konnte nicht glauben, was passiert war. Mein inneres Selbst war unberührt, wie so oft in diesen Situationen. Doch ich war völlig erschöpft, verwirrt, ärgerlich, voller Furcht und doch gleichzeitig frei davon, erstaunt und perplex. Ich fragte den Mann im Teehaus, ob ich über Nacht dableiben konnte. Er deutete unter das Vordach der Hütte. Als mein amerikanischer Freund zum Teetrinken kam, fragte ich ihn, ob es ihm etwas ausmachen würde, mit mir in der Hütte zu schlafen. Ich war zu ängstlich, allein zu bleiben. Ich hatte keine Ahnung, ob ich dem Besitzer des Teehauses trauen konnte, geschweige denn, was ich tun sollte, käme eine Schlange daher. Er willigte ein und versicherte mir, daß es ihm egal sei, ob er im Ashram oder in der Hütte schliefe.

Alle Widersprüche um Babaji fügten sich erstaunlich in ein Ganzes ein. Ich fühlte mich oft extrem religiös und ultra-atheististisch zugleich. Manche mögen diesen Zustand Zwiespältigkeit nennen, ich aber empfand ihn als eine Integration. Das war einer der Wege Babajis, mich die Dualität dieser Schöpfung bis zum äußersten Grad erfahren zu lassen. Sowohl Himmel als auch Hölle, Glück und Schmerz, Positiv und Negativ etc. werden abwechselnd erfahren bis zu dem Punkt, wo jedes im Bruchteil einer Sekunde gefühlt wird. Nun entsteht etwas Neues, nämlich eine Ruhe und Stille wie im Auge eines Hurrikans. Die Mitte ist unbeweglich. Bevor jedoch dieses Zentrum erreicht wird, meint man, im Wirbelsturm unterzugehen oder hindurchzuschwimmen.

Babaji blieb fest bei seinem Entschluß. Nachts überraschte uns der Monsunregen. Das Dach, unter dem wir schliefen, hatte viele Löcher. Wir wurden durchnäßt, und bald war der Lehmboden der Hütte eine einzige Wasserlache. Als der Morgen endlich graute, entschlossen wir uns, nach Haldwani zurückzugehen.

Jedesmal, wenn wir uns auf den Weg machten, brach eine Regenflut über uns herein und hinderte uns an unserer Rückkehr. Wir mußten zum Teehaus zurück. Trotz guten Willens waren wir gezwungen, noch eine Nacht unter der Hütte zu verbringen. Dieselbe Geschichte wiederholte sich am folgenden Tag. Jedesmal, wenn wir umkehrten, stiegen Hoffnungen in mir auf, Babaji könnte mir irgendwie erlauben, doch im Ashram zu bleiben. Einmal, während ich im Teehaus saß, sah ich Babaji in einem schönen grünen Seidengewand auf seinem Vorplatz stehen. Er schaute in meine Richtung, und der Ausdruck auf seinem Gesicht schien mir Mut und Entschlußkraft zu vermitteln.

Der Himmel klärte sich endlich auf, und wir bereiteten uns vor, ein weiteres Mal nach Haldwani zurückzukehren. Auf Wiedersehen Haidakhan! Mir war, als ob wir uns diesmal endgültig auf den Weg machen würden. Gerade als wir uns unsere Rucksäcke aufluden, kam jemand zu mir herüber und sagte: "Babaji läßt fragen, ob du ein Mittagessen haben möchtest." Alles, was ich in den letzten Tagen zu mir genommen hatte, waren Bananen und Kekse. Ich hatte sie im Teehaus gekauft und war nicht einmal hungrig. Ich fühlte mich erstaunlicherweise sehr wohl dabei. "Babaji muß Mitgefühl mit mir haben", dachte ich, und neue Hoffnung keimte in mir auf. Dankend nahm ich die Einladung an.

Später, als ich wieder einmal im Begriff war zu gehen, erhielt ich die Botschaft, zwei weitere Tage bleiben zu dürfen. Nach diesen beiden Tagen wurde mir erlaubt, drei weitere zu bleiben, dann fünf und so fort, bis für mich die Zeit kam, endgültig nach Amerika zurückzukehren.

Während aller früheren Besuche in Haidakhan hatte Babaji niemals darauf bestanden, daß ich meine Haare scherte. Sicherlich war ich noch nicht reif dafür. Ein Mitschüler, den ich darüber befragte, sagte: "Ich erfuhr von Babaji zuerst in dem Buch "Autobiographie eines Yogi". Immer wieder las ich in diesem Buch und jedesmal verspürte ich den intensiven Wunsch, die Gegenwart eines Wesens wie Babaji erfahren zu dürfen. Ich glaubte nicht an diese Möglichkeit. Wunder kenne ich nicht, aber manchmal glaube ich, es war das größte Wunder, Christen, Juden, Deutsche, Israelis und Araber, Menschen aus aller Welt in Haidakhan miteinander leben und auskommen zu sehen. Als ich zuerst alle Ashram-Anwesenden mit ihren kahlen Köpfen sah, wurde ich an die Konzentrationslager in Deutschland erinnert. Dann aber erkannte ich, daß das, was die Menschen in den Lagern trennen sollte, uns hier alle vereinte. Sicherlich war es Babajis Hauptziel, uns zu lehren, daß wir alle eins sind - eins mit Gott."

Am Anfang konnte ich keinen Sinn im Rasieren des Kopfes sehen. In mir wurde der Eindruck erweckt, als ob dies eine Art religiöser Kult sei. Später verstand ich die

Bedeutung. Die Haupthaare zu opfern ist ein Akt des Loslassens, eine aufrichtige Geste von seiten des Schülers, Opfer zu bringen, um zu lernen, liebende, gebende fürsorgende, menschlichere Wesen zu werden. Wir wissen alle, daß der Entschluß und die Entscheidung zum Haare scheren nicht einfach war. Innere Arbeit und Bereitschaft waren nötig. Eitelkeit war uns allen gemeinsam. Unsere Unzulänglichkeiten und Unwissenheit, diese Eigenschaften zu erlernen, mußten bewußt gemacht werden. Und ich war bereit, all diese Qualitäten zu erlernen und meine Bereitwilligkeit kundzutun. Später war ich sogar willens, meine Haare zu scheren.

"Scheinbare Favoriten Babajis sind kaum in der Öffentlichkeit zu sehen", erzählte mir Khurak Singh einmal, als ich wieder einmal hinausgeworfen wurde. Diese Worte halfen mir über die Schmerzen der Abweisung und Zurücksetzung, die ich während dieser Zeit erfuhr, hinweg. Mich irgendwie selbst als Favorit zu fühlen, gab mir ein gutes Selbstgefühl. Es war, als ob ich sagte: "Ja, ich bin die Mühe wert." Babaji gab mir zeitweilig das Gefühl, bevorzugt zu sein, aber ich mußte auch die Kehrseite der Medaille erfahren, nämlich abgewiesen zu werden. Ich lernte bald, daß Babaji mich zurückrief, wenn ich mich wirklich im Gleichgewicht mit mir selbst befand; gleich, ob ich nun abgewiesen wurde oder aber bevorzugt. Da war das innere Wissen um die Vorgänge, aber es war lange verschüttet gewesen. Welch ein befreiendes Gefühl zu wissen, daß es egal ist, ob man ein berühmter Filmstar, Millionär, Arzt oder sonst etwas Wünscheswertes in der Welt ist. Was wirklich zählt, ist, im Gleichklang zu sein und nicht, es nur vorzutäuschen. Sich dabei wohlzufühlen, ist wahre Freiheit. Ich versuche jetzt, auf allen Gebieten meines Lebens hundertprozentig ehrlich zu sein. Dies ist schwierig, weil meine frühere Einstellung mich lehrte, daß im täglichen Leben Übertreibungen vorteilhaft sind. Das Ergebnis waren Unwahrheiten, und sie hielten nie lange an. Fortwährender Erfolg, Gesundheit, Segen, Frieden, Selbstvertrauen, Liebe entstehen uns durch totale Wahrheit.

"Mataji", hörte ich Babaji immer rufen und fühlte dann seine Energie so stark, als ob eine machtvolle Kraft aus meinen Füßen und Zehen käme und alles und jeden segnete. Mataji bedeutet "Mutter, Lehrerin" - die Mutter, die die Menschheit liebt und für sie sorgt. Ich kam zu dem Punkt, an dem ich fühlte, daß ich sie wirklich war, dann aber erschreckte mich der Gedanke, so fortgeschritten zu sein. Prompt fiel ich aus diesem Zustand, wenn ich versuchte, mich an dieses Gefühl und diese Energie in meinen Füßen zu klammern. "So ist es also, Babaji zu sein", begriff ich. "Das ist, was er fühlt, und es fühlt sich unbeschreiblich an". "Mataji" zu sein, dieses Wort ist wirklich zu farblos, um diesen Zustand zu beschreiben. Eine Energie voller Reinheit strömte dann immer aus meinen Füßen, aber selbst diese Beschreibung ist ungenügend. Worte können diese Erfahrung nicht vollständig wiedergeben.

Neue Gedanken oder neue Gefühle, nie zuvor gedacht oder erfahren, benötigen eine neue Sprache. Die Sprache von Haidakhan Vishwa Mahdham wäre geeignet dazu. "Yuhi ouuu huu" hörten wir oft Babaji schreien, es klang wie ein Tarzan-Schrei oder wie ein Jodeln. Eine Mataji zu sein bedeutet, Fürsorge zu haben, aufrichtige Fürsorge für jeden. Vermutlich wäre es leichter, als Bil-

lionärin großzügig zu sein, zumindest wäre es ein-
leuchtender.

Ist es wirklich möglich, für jemanden mit aufrichtiger
Liebe zu sorgen? Laßt es uns versuchen! Was haben wir
zu verlieren? Ich sehe das Gelächter der Menschen und
ihr Gespött "es ist unmöglich, du vergeudest deine Zeit"
und andere, ähnliche Bemerkungen. Solche Reaktionen
erregen mich - leider -, aber meine inneres Gefühl sagt
mir, daß diese Einstellung möglich ist und eines Tages
ganz natürlich sein wird. Es ist nur eine Frage der Zeit,
bis wir stark genug sind, Liebe auszustrahlen, gleich, ob
andere sie erwidern oder sich lustig machen. Wie sehr
Menschen sich lieben oder akzeptieren können, ist nur
eine Stufe ihrer Entwicklung.

Shivani, die Autorin, bei BABAJI

Erfassen der Wahrheit

Bei meinem zweiten Besuch fragte Babaji: "Nimmst du eine Botschaft nach Amerika?" "Ja". "Du bist Botschafter des Friedens, du bist ein Familien-Mensch, informiere die ganze Welt", und er formte mit seinem Arm einen Kreis. Spielte er mit meinem Ego oder meinte er es ernst? Es war im Grunde auch nicht wichtig.

Es gab ein paar Anwesende im Ashram, die ich als tonangebend ansah. Bei manchen Gelegenheiten stellte ich fest, wie ich meine Freude unterdrückte, weil ich meinte, mich ihrer Einzigartigkeit wie auch ihrer Verrücktheit beugen zu müssen. Eines Tages machte ich plötzlich innerlich einen Wachstumsprung und erkannte, daß ich eine Menge Liebe durch dieses Unterdrücken zurückhielt. Ich entschloß mich, dieses Verhalten aufzugeben und wandte mich meiner Nachbarin zu, die ganz in der Nähe saß. In Worten drückte ich ihr meine Liebe aus und siehe da, mein Gefühl der Nächstenliebe wurde insensiver und tiefer.

Es kam der Tag, an dem wir zu Swamijis Haus reisten. Als wir einen Bergpfad entlang gingen, fühlte ich plötzlich tiefe Sehnsucht nach Babajis körperlicher Anwesenheit. "Wäre es nicht wunderbar, wenn Babaji jetzt hier erscheinen würde?" Ich wußte, daß wir ihn möglicherweise nicht mehr bis zu diesem Abend sehen würden, und es war um die Nachmittagszeit. Ich blickte zur Biegung des Pfades hinter mir zurück und stellte mir vor, Babaji dort zu sehen, als plötzlich das Bildnis von Babaji und Swamiji vor mir erschien. Sie gingen auf uns zu, als hätten sie sich aus der Luft materialisiert. "Dort ist Babaji!" schrie ich entzückt. Die vor mir einhergehende junge Frau mit Namen Guruli drehte sich um und sagte: "Nein, er ist es nicht!" "Doch, er ist es", bestand ich und blieb wartend stehen, ob er uns vielleicht herüberrufen würde. Prompt winkte er mit seiner Hand. Ungläubig vor Freude machte ich einen Luftsprung und ging auf ihn zu. "Komm, Guruli", rief ich, "Es ist Babaji. Er winkt uns." Sie hielt im Gehen inne und erkannte ihn nun auch. Als wir ein Stück des Weges mit Babaji zusammengewandert waren, wandte er sich mir zu und sagte: "Du bist großartig". "Ja?" antwortete ich und fühlte mich geschmeichelt. Gleichzeitig bemerkte ich, wie sich mein Ego aufblies.

Es war auch während dieses Besuches, daß ich plötzlich an meinem Verstand zweifelte. Was brachte mich dazu, hier zu sein, so weit weg von zu Hause, von meinem Mann, meinem Sohn, meiner Arbeit, meinem Lebensstil? Meine augenblicklichen Gefährten waren Schlangen im Dschungel und Würmer im Stuhl. Nächtelang wurde ich von Insekten gestochen. Dazu kam die Hitze. War ich ein Masochist? Wozu brauchte ich diese Erfahrung? Meine Unsicherheit und Zweifel veranlaßten mich, Babaji genauestens zu befragen, was er mir eigentlich beibringen wolle. Könne er mich Teleportation lehren, dann wäre es der Mühe wert, diese Unannehmlichkeiten auf sich zu nehmen. Mir war empfohlen worden, Babaji niemals nach seinen Beweggründen zu fragen, er wisse genau, was ich brauche. Folglich würde er mir die geeigneten Lehren zur rechten Zeit verpassen. Dennoch nahm ich eines Tages meinen ganzen Mut zusammen und fragte ihn: "Was ist es, das du mich lehren kannst? Kannst du mir die Teleportation beibringen?" "Ich kann dich lehren, stille zu sein und meine Anweisungen zu befolgen. Außerdem redest du zu viel. Ich mag keine geschwätzigen Leute. Morgen kannst du gehen... "

So mußte ich also am nächsten Tag fortgehen. Meine Empfindungen waren zwiespältig. Ein Teil von mir stimmte zu, der andere wollte länger bleiben. Kurz entschlossen packte ich meine Sachen und war bereit, abzureisen. Als ich auf den Ashramstufen saß und auf mein Pferd wartete, ging ich in mich und schloß die Augen. "Wo bin ich vom spirituellen Weg abgekommen?" Im Geiste stellte ich Babaji diese Frage und wiederholte nochmals: "Was habe ich falsch gemacht? Worin liegt mein Fehler? Alles, was ich wissen wollte, war, ob du mir Teleportation beibringen kannst." Die Antwort, die ich im Geiste hörte , lautete:"Du hast zu viele Wünsche!" "Aha", dachte ich, "das war es also. So muß ich denn alle meine Wünsche loslassen." Ich stellte mich auf mein Inneres ein, um festzustellen, ob ich es mit dieser Äußerung ernst meinte. Ein paar Wünsche tauchten dann auch hier und da auf, von denen ich meinte, nicht lassen zu können. Um auch sie loszuwerden, wiederholte ich die Affirmation "Ich bin jetzt wahrhaftig bereit, alle meine Wünsche aufzugeben". Zur Bekräftigung wiederholte ich diesen Wortlaut noch einmal mit meinem Namen: "Ich, Shdema, Shivani bin bereit, meine Wünsche aufzugeben." Dabei entspannte ich mich und ging in den wollenden Teil hinein und ließ alle Spannungen und alles Festhaltenwollen in meinem Körper los. Ich fühlte meine Aufrichtigkeit in diesem Augenblick. Irgend etwas zwang mich, meine Augen zu öffnen, und ich erblickte Babaji ganz in meiner Nähe. "Du kannst bleiben!" sagte er. Ich lächelte erleichtert und brachte mein Gepäck zurück auf mein Zimmer.

Bei meinem dritten Besuch wurde ich hart getestet. Babaji, Shastriji und eine Deutsche, Tuli genannt, gingen auf den Fluß zu. Babaji winkte mir mit seiner Hand. Ich sollte mich ihnen anschließen. Gemeinsam setzten wir den Weg zum Ganga Fluß fort. Das Wasser stand ziemlich hoch und war reißend durch die Stromschnellen. Babaji wies Tuli an, den Fluß zu überqueren. Jetzt wußte ich aber, daß es gefährlich war, den Strom bei Hochwasser zu durchqueren. Ich ahnte einen weiteren Test. Mein Vertrauen zu Babaji sollte geprüft werden. Stillschweigend kam ich mit mir überein, die Überquerung zu versuchen. Sollte das Wasser jedoch zu tief sein, dann würde ich nicht hinübergehen. Ich schaute Babaji fragend an: "Glaubst du, daß das sicher ist?" Tuli ergriff fest meine Hand und sagte: "Komm schon, Shivani, laß uns OM NAMAH SHIVAY sagen und wir schaffen es."

Also gingen wir in das Wasser hinein und wiederholten das Mantra. Tuli drückte dabei meine Hand so fest zusammen, daß mir mein Ehering schmerzhaft in die Finger schnitt. Als der Schmerz unerträglich wurde, schrie ich: "Autsch" und ließ ihre Hand fahren. Das nächste, was mir ins Bewußtsein drang, war, daß Tuli vom Wasser weggeschwemmt wurde. Betroffen stand ich da und fragte mich, was jetzt als Nächstes zu tun sei. Ich drehte mich um und blickte Babaji an. Er rief Tuli zu: "Steh auf, Tuli! Steh auf, Tuli!" Sollte ich heldenhaft sein und versuchen, sie zu retten? Es gab keine Möglichkeit, ohne selbst fortgespült zu werden. Also begann auch ich zu rufen: "Tuli, steh auf!" Ich blickte mich nach Babaji um. Er hielt einen großen Felsbrocken in der Hand und zielte damit genau in meine Richtung. Dazu schrie er mich an: "Geh!" Sofort drehte ich mich herum und setzte die Flußüberquerung fort. Dabei wagte ich nicht, mich nochmals umzusehen. Bei Babaji wußte man nie. Ich dachte, daß er mich mit dem Stein treffen könne, und das wollte ich nicht riskieren.

Die starke Strömung riß mich beinahe fort. Furcht ließ meinen Körper erzittern, und folglich begann ich, OM NAMAH SHIVAY mit größter Konzentration zu wiederholen. Als die Strömung an einem Punkt nachließ, wurde ich sicherer auf den Beinen. Schnell warf ich einen Blick in Tulis Richtung, um zu sehen, was mit ihr geschehen war. Prompt erfaßte mich der starke Sog und spülte mich beinahe fort. Mein ganzer Körper zitterte vor Furcht, und ich konzentrierte mich wieder auf OM NAMAH SHIVAY und auf die Steine im Fluß. Ich war barfuß. Meine Füße würden arg zerschnitten sein! Jedesmal, wenn meine Gedanken auch nur einen Augenblick von der Konzentration auf das Mantra abwichen, verloren meine Füße ihren Halt. War meine ganze Aufmerksamkeit beim Mantra, ging ich sicher.

Ebenso wie in Haidakhan stellte ich zu Hause fest, daß jedesmal, wenn ich das Mantra wiederhole und mich auf eine Arbeit ausrichte, ich mich harmonisch fühle, voller Energie und Enthusiasmus. Gleiten meine Gedanken hingegen ab, und frage ich mich, was andere wohl tun, was sie vorhaben oder vergleiche ich mich mit anderen, dann werde ich unsicher und müde, energielos, gereizt und launisch.

Schließlich schaffte ich es zum anderen Flußufer. Als ich nach meinen Füßen schaute, um zu sehen, wieviel

Wunden ich mir eingehandelt hatte, waren es nur zwei Schnitte. Ich war sprachlos. Langsam kehrten dann meine Gedanken zurück, und plötzlich erinnerte ich mich an den großen Felsbrocken, mit dem Babaji nach mir gezielt hatte. Ich kochte vor Wut und beschimpfte ihn. Eine Amerikanerin, die in Indien lebt, kam zu mir herüber. Es sprudelte nur so aus mir hervor: "Weißt du, was er mich hat machen lassen?.... Was glaubt er, wer er ist.... zielt mit einem Stein auf mich... Was bin ich denn.... ein Nichtsnutz? Morgen verlasse ich diesen Ort. Das wars. Ich hab's jetzt satt!" Die Frau beruhigte mich: "Dies ist vielleicht die beste Lehre, die du jemals bekommst und vielleicht die stärkste deines Lebens. Du wirst schon sehen.... Glaube mir, ich war jahrelang bei Meistern. Gib jetzt nicht auf. Vertraue mir."

Ich wollte wirklich nicht aufgeben, aber mein Ego und mein Stolz waren verletzt. Vielleicht sollte ich mich zornig und verletzt fühlen. Wie würde ich das meinen Freunden zu Hause erzählen können? Sollte ich mir eine solche Behandlung gefallen lassen? Wo liegt die Grenze, wo soll ich den Schlußpunkt ziehen? Wo hören Vertrauen und Hingabe auf, wo beginnt Kriecherei? Anstatt ganz und gar ich selbst zu sein, wollte ich in Wirklichkeit in den Augen der anderen achtbar und angesehen erscheinen. Gab es hingegen aber wirklich eine wertvolle Lektion, so machte ich mir nichts aus einer Demütigung.

Wo sollte ich die Grenze ziehen? Wieviel Vertrauen sollte ich mir selbst zugestehen? Ganz sicher würde ich nicht auf Babajis Wunsch hin vom Gebäude runterspringen. Gaura Devi war willens dazu, aber ich vertraute Babaji nicht so wie sie. Einmal hatte er zu ihr gesagt, sie solle sich vom Dach stürzen. Sie lehnte sich vor, um tatsächlich zu springen, aber in letzter Sekunde zog Babaji sie zurück. In meinem Augen war ein solches Verhalten dumm. So weit würde ich nicht gehen. Dessen war ich mir gewiß.

Was, wenn er mich schlagen würde? Auch hier zog ich die Grenze. Ich war entschlossen, hierin nicht nachzugeben. Was würde ich wirklich tun, wenn er mich schlüge? Ich würde wohl gehen, entschied ich.

An einer weniger gefährlichen Stelle überquerte ich den Fluß. Ich hatte mit Schwierigkeiten zu kämpfen und wäre einige Male fast gefallen. Auf dem Wege zum Ashram traf ich Tuli. Sie erzählte mir, daß sie unverletzt war. Babaji jedoch hatte sie mehrfach geschlagen. Beim Zuhören begannen meine Gedanken zu rasen. Das war der nächste Test! Nein, er würde das nicht mit mir machen. Schließlich war ich nicht gefallen. Ich hatte es geschafft.

Tuli gestand mir, wie eifersüchtig sie sich gefühlt habe, als sie mich sicher auf der anderen Seite des Stromes stehen sah. Ich konnte es ihr nachfühlen. Dieses Eingeständnis besänftigte mich und ich beschloß, den ganzen Vorfall zu vergessen. Viel später, als ich Babaji sah, ging ich zu ihm hinüber um ihn zu begrüßen. Zack! Ich sah Sterne. Er hatte mich doch tatsächlich geschlagen! Er schlug auf die linke Stirnseite. Verwirrt sah ich ihn an und wußte nicht, wie ich reagieren sollte. "Ich habe dir das Leben gerettet", schrie er mich an. "Du warst am Ertrinken!". Dann ging er fort.

Denke ich heute an den Vorfall, steigen mir Tränen der Dankbarkeit hoch. Erst jetzt verstehe ich die Bedeutung des Vorfalls. Damals fühlte ich mich zornig und gedemütigt, weil er es gewagt hatte, mich vor allen anderen zu ohrfeigen. Obgleich sich der Schlag hart anfühlte und wohl auch so klang, tat er nicht weh, ich empfand keinen Schmerz, vielleicht nur sekundenlang. Was tun?, fragte ich mich. Ich ging auf mein Zimmer und beschloß, geschehen zu lassen, was auch immer geschehen würde. Ich weinte und fühlte mich ziemlich kindisch, etwas durcheinander, aber nicht wirklich beunruhigt. Aus einem unklaren Anlaß war mein Innerstes erfreut. Vermutlich wußte ich, daß die Prüfung hinter mir lag. Ich war geschlagen worden, und das wars. Es schien nichts Weltbewegendes zu sein. Trotzdem beschloß ich, an meinem ursprünglichen Plan festzuhalten, nämlich zu gehen, wenn ich geschlagen würde. Mir fiel ein, daß ich am kommenden Tag sowieso den Ashram verlassen sollte. Meine fünf Tage Erlaubnis zu bleiben, waren vorbei. Das hatte ich in all der Aufregung vergessen. Ich wollte bis zum Morgen warten. Es würde sich zeigen, was zu tun war.

Die ganze Nacht überlegte ich, ob ich um Erlaubnis bitten sollte, fünf weitere Tage bleiben zu dürfen oder nicht. "Schau", sagte ich zu mir, "jetzt bin ich nun einmal hier. Wenn dieses ganze verrückte Geschehen von Bedeutung ist, dann muß ich durchhalten. So schlimm ist es gar nicht. Es ist nur mein Ego, das sich aufregt. Ich wäre froh, diesen lästigen Gesellen loszuwerden. Warum also sollte ich Babaji nicht um Aufenthaltsverlängerung bitten?" Ich argumentierte mit mir selbst. Ging das wirklich nicht zu weit? Hieße das nicht, ohne Rückgrat zu sein?

War es mir wirklich wichtig oder unwichtig, als weichlich angesehen zu werden? Nein, es war bedeutungslos. Vermutlich sorgte ich mich mehr darum, was die anderen denken würden. Waren mir die Gedanken anderer wirklich wichtig? Ja, sie waren es. Also lag hier mein Problem. Die Meinung anderer war mir wichtiger als meine Erkenntnis. Meine Prioritäten waren falsch gesetzt. Am nächsten Morgen fragte ich Babaji, ob ich noch fünf weitere Tagen bleiben könne. "Ich werde dich jeden Tag schlagen!" war seine Antwort. War ich gewillt, dies hinzunehmen? "Wenn ich dadurch Erkenntnis erlange, ... ansonsten nein!"

Babaji schlug mich nie wieder.

Als die Zeit meiner Abreise kam, fühlte ich mich tief enttäuscht, daß ich bis jetzt nicht erleuchtet war. Anstatt verändert zu sein, war ich immer noch dieselbe. Auch hatte ich Babaji sich noch nicht dematerialisieren sehen. Wenn er wirklich diese Fähigkeit besaß, dann stand es mir - nach all dem, was ich durchgemacht hatte - zu, Zeuge dieses Geheimnisses zu werden. Viele Male war er mir wie aus dem Nichts erschienen, dennoch hatte ich keine wirklichen Beweise. Intuitiv wußte ich um die Wahrheit dieser Fähigkeit, und mir schien sie nichts Außergewöhnliches zu sein. Ich begann, den Unsinn meiner Überlegungen einzusehen. Ich war ein Dummkopf, auch nur daran zu denken.

Während des abendlichen Aartis in der Kirtanhalle setzte ich mich und stimmte in den Gesang der anderen mit ein, die OM NAMAH SHIVAY sangen. Mittendrin hörte ich auf, blickte mich um und sagte innerlich "Auf

Wiedersehen" zum letzten Abend in Haidakhan. Ich bemerkte Babajis Blick in meine Richtung. Er schnitt eine Grimasse und schrie: "Om.... Om..." Es war dieselbe Grimasse, die er gemacht hatte, als er den Felsbrocken aufhob und in meine Richtung zielte, bevor ich den Fluß überquerte. Erschrocken stimmte ich in den Om Namah Shivay Gesang wieder mit ein und richtete meine Aufmerksamkeit nach innen, um Babajis Botschaft zu hören. Was ich vernahm war: "Segne mich!" "Dich segnen? Wie seltsam! Natürlich. Brauchst du Segnungen? Du hast doch alles!" Ich öffnete mich und schickte Babaji Segen. Als ich den Segen tief und aufrichtig empfand, verschwand Babaji vor meinen Augen sekundenlang. Dann war er wieder da. Ich war sprachlos und begeistert. Indra, eine Deutsche, saß neben Babaji. Sie sah strahlend aus und hatte ein glückliches, gesundes Lächeln auf ihren Lippen. "Om".... schrie Babaji wieder und schnitt nochmals die Grimasse in meine Richtung. "Oh, ich sollte sie wohl auch segnen", dachte ich. Das war etwas schwieriger. Außerdem kämpfte ich noch mit aufsteigender Eifersucht, sie sah so schön und strahlend aus. Konnte ich sie auch segnen? Aufrichtig? Ich beschloß, es zu versuchen, und öffnete mich. Liebe und Segen flossen in ihre Richtung und... sie verschwanden beide! Meine Freude war immens, doch nur für zwei Sekunden. Dann stiegen Zweifel auf und Fragen, ob ich die Dematerialisation auch wirklich gesehen oder mir nur vorgestellt hatte. Das Entzücken in mir konnte ich nicht leugnen, gleich, ob das Ereignis nun real war oder nicht. Im Endeffekt spielte es keine Rolle.

Babaji legte seine Hand über sein Ohr und sah aus, als ob er mir zuhörte. "Weshalb lauscht du?" fragte ich still. "Möchtest du, daß ich dir etwas sage? Schließe deine Augen und sieh in dein Herz", vernahm ich. Ich schloß die Augen und wandte mich meinem Herzen zu. Und plötzlich floß ein Ausbruch von Schmerz und Leid, Wünschen, Sehnsüchten und unzähligen Gedanken aus mir heraus. Zu mir schauend, nickte Babaji. Dabei hörte ich seine Worte: "Alles wird in Ordnung kommen!" So würde also für alle diese Wünsche und Gedanken irgendwie gesorgt werden. Ich glaubte diesen Worten nicht ganz, aber ich fühlte mich ergeben und voller Frieden.

Blicke ich jetzt auf dieses Erlebnis und meine damaligen Wünsche zurück, so sind sie alle in Erfüllung gegangen. Ich habe meinen Doktortitel erhalten, gefühlsmäßig bin ich stabiler geworden, und meiner Familie und meinen Freunden geht es gut. Einmal im Jahr während des Passahfestes trifft sich meine Familie sieben Tage lang - eine sehr heilsame Erfahrung für alle fünfundsechzig Mitglieder der Familie meiner Eltern. Zahlreiche andere Wünsche, zu viele, um mich daran zu erinnern, haben sich auch erfüllt.

Reifeprozeß

Auf meiner neunten und letzten Fahrt nach Haidakhan im November 1983 plante ich, nur drei Wochen zu bleiben. Inzwischen war meine Privatpraxis gewachsen und mein Terminkalender von morgens bis abends gefüllt. In Indien angekommen, fragte ich mich, wie Babaji mich wohl diesmal begrüßen würde. Jedesmal schien es eine Fortsetzung von dem Punkt zu sein, an wir aufgehört hatten.

"Hallo Shivani!", sagte er liebevoll. "Shivani Hallo!" Er zog an meinen Haaren. Tränen vor Glück liefen mir über die Wangen, es war, als sei ich nach Hause zurückgekehrt.

"Wie lange bleibst du?" fragte er später. "Drei Wochen". "Nein, nein, nein, du bleibst zwei Monate"! "Zwei Monate?" rief ich aus, "das ist unmöglich." Während ich noch sprach, fragte ich mich, ob ich vielleicht länger bleiben sollte. Was für ein Geschenk, könnte ich mir diesen Luxus erlauben. Mein Mann und meine Klienten würden das niemals verstehen. Es gab keine Möglichkeit, so lange bei Babaji zu bleiben, obwohl ich es mir wünschte. "Ich werde im März wiederkommen", antwortete ich. Es wäre einfacher, nach Hause zurückzufahren und meine Leute auf einen solch ausgedehnten Besuch vorzubereiten. Nach einer Woche war ich überzeugt, daß ein verlängerter Aufenthalt sowohl meinen Klienten als auch meiner Familie zugute käme. Wieder wurde ich gewahr, daß ich Babaji vertrauen sollte. Er wußte, was er tat.

Würde ich meine Praxis verlieren, für deren Aufbau ich so hart gearbeitet hatte? Das nächste, woran ich mich erinnere, ist, daß Babaji mich herüberrief und ein kleines Lied sang: "Wenn du deine Haare scherst und all deine Bindungen an die Welt aufgibst, wird alle Weisheit zu dir kommen."

"Soll ich meine Haare scheren?" fragte ich ungläubig.

"Noch nicht reif", bemerkte Babaji, als er mir eine unreife Frucht gab. Ich wollte mein Haar nicht wieder abrasieren. Also mußte ich wohl unwissend bleiben.

Kurzerhand reiste ich nach Delhi, rief meinen Mann an und nach zehn Stunden Wartezeit auf eine Verbindung vernahm ich schließlich seine kaum hörbare Stimme. Eine richtige Verständigung war schwierig. "Was? Du kannst doch nicht zwei Monate bleiben. Komm nach Hause zurück". "Sag meinen Klienten, sie sollen mir vertrauen", antwortete ich.

Ein paar Wochen später erzählte ich ihm, daß ich die letzte war, die sich schließlich entschloß, ihre Haare zu scheren.

Bei Babaji war ich wieder einmal frei, gesund und leicht, obwohl mein Verstand mich von Zeit zu Zeit verrückt nannte. Durfte ich eine Chance, Weisheit zu erlangen, aufgeben? Lieber würde ich mir den Kopf rasieren, entschloß ich mich fest. Es war im Endeffekt wirklich unbedeutend.

Ich versuchte, einer Freundin ein besonderes Erlebnis dieses Besuches zu erzählen. "Nach dem zweiten Tag", so sagte ich, "wollte ich gehen. Es war so extrem heiß, etwa 40 Grad Celsius. Babaji beabsichtigte, in der kommenden Woche eine Pilgerreise durch das Himalaya Gebirge zu unternehmen. Ich wußte nicht, ob ich es eine Woche in Haidakhan aushalten konnte, zumal mich alle möglichen Insekten stachen. Ich beschloß, eine Woche zu bleiben und anschließend nach Hause zurückzukehren, sobald Babaji den Ashram verlassen hatte. Diese Absicht teilte ich ihm mit. "Warum bist du überhaupt hergekommen?" fragte er mit abweisendem Tonfall. Ich hatte nichts zu erwidern. Seltsam genug fühlte ich, daß der Aufenthalt mir etwas bringen würde. Dieses Wissen ermutigte mich, und irgend etwas geschah mit mir, denn ich spürte die Hitze und die Insektenstiche nicht mehr. Auch fand ich wieder in die Ekstase zurück. Nun konnte ich es wagen, mit Babaji zu reisen. Früher hatte ich diese Reise als ein zu schwieriges Wagnis angesehen. Was mir Sorge bereitete, war, daß ich keine warme Kleidung besaß. Schließlich fand Gaura Devi, der ich mein Leid klagte, ein paar alte dicke Hosen, ein Paar Handschuhe, eine Mütze und zwei warme Pullover. Die Acht-Tage-Reise wurde zum aufregendsten Abenteuer meines Lebens. Mir schien es, als sei ich im Wunderland auf einem anderen Planeten.

Wir erklommen einen Berg und kamen an die Schneegrenze bei Kedarnath. Einige von uns kletterten zu Fuß, andere waren zu Pferd und wieder andere wurden von vier Indern auf dandees getragen. Eine dandee ist ein leichtes, bootähnliches Gebilde aus Holz und Seilen. Ich ließ mich ebenfalls tragen, weil ich den Ausblick über die Berge genießen wollte. Babaji ritt auf einem Pferd, und ich dachte, er sei weit von mir entfernt. Entlang der linken Wegseite saßen indische Einsiedler. Sie waren spärlich bekleidet, mit Asche bedeckt. Einige hatten die Meditationshaltung angenommen, andere lächelten und winkten mit ihrer Hand. Geldstücke wurden um ihre Plätze gestreut, denn sie schienen völlig besitzlos zu sein. Nur ein dünner Schutz aus Zweigen oder Stoff lag auf ihren Köpfen. Als ich diese Menschen so sah, hatte ich plötzlich das starke Gefühl, in einem früheren Leben einer von ihnen gewesen zu sein. Ich identifizierte mich stark mit ihrer Lebensweise, und genau in diesem Augenblick kam Babaji an mir vorbei. Er lächelte und gab mir eine Rupie, dann gab er dem nächsten Einsiedler eine und dem nächsten und so fort. Er wußte Bescheid. Einige der Einsiedler winkten mir in einer wissenden Art zu, so, als ob sie mich erkannten.

Die vier jungen Männer, die mich trugen, schwitzten, keuchten und schnauften, während sie den Berg hinaufstiegen. Einer von ihnen sah so mager aus, daß ich dachte, er habe nicht die Kraft, es den Berg hinauf zu schaffen. Ihr Leid bedrückte mich und ich fragte mich, ob ich ihnen einen Gefallen oder Unrecht tat, mich von ihnen tragen zu lassen. Ich fühlte mich schuldig, eine verwöhnte Städterin zu sein. Vergleichsweise war ich sehr reich, während sie so hart ums pure Überleben kämpfen mußten. Einer der Burschen schrie "prasad" (Speise), aber kletterte dennoch weiter. Intuitiv fühlte ich seine Schwäche und erlebte seine Angst. Er konnte es sich einfach nicht leisten, umzufallen. Er würde vergehen und sterben. Wenn er es nicht zum Berggipfel hinauf schaffte, würde er nie wieder angeheuert werden. Das konnte das Ende seiner Laufbahn sein.

Beim nächsten Halt baten sie mich um etwas Extrageld für Tee. Tee kostet sehr wenig (1/3 Rupie). Ich gab jedem mit viel Liebe 5 Rupien. Als wir wieder rasteten, baten sie mich erneut um Geld und dies noch bei vier anderen Gelegenheiten. Ich wußte, daß sie sich gegenseitig zuraunten: "Da ist ein Dummkopf, ein schöner Einfaltspinsel. Sollten wir nicht die Gelegenheit nutzen, so viel wie möglich aus ihr herauszuschlagen?" Meine Gefühle hierzu waren zwiespältig. Einerseits machte ich mir nichts daraus, andererseits fragte ich mich, ob ich das Richtige tat. Verdarb ich die Träger und erschwerte ich dadurch anderen Touristen ihre Reise? Verderben mag das falsche Wort sein. Machte ich sie korrupt? Gab ich mein Geld sinnlos aus?

Und was war mit den Einsiedlern? Ich hatte ihnen kein Geld zugeworfen, weil ich nur 5-Rupien-Scheine hatte. Sollte ich jedem einen 5-Rupien-Schein zuwerfen? War ich zu geizig gewesen oder war ich ein dummer Verschwender? Hier traten meine täglichen Konflikte zutage. Was auch immer ich mit Geld anfing, schien nie richtig zu sein. Gab ich es aus, fühlte ich mich schuldig, daß ich zu leichtsinnig damit umging und seinen Wert nicht kenne. Gab ich es nicht aus, fühle ich mich schuldig, weil ich zu sparsam bin. Plötzlich trug ich eine schwere Last. Vielleicht sollte ich Babaji mein ganzes Geld geben und mich im richtigen Umgang mit Geld führen lassen? Ich wollte ihm vertrauensvoll alles geben und dann sehen, was passierte. Ihm alles zu geben würde meine Ernsthaftigkeit beweisen. Sollte ich ihm meinen Paß und mein Flugticket auch geben und mein Scheckbuch? Auch das Geld, daß ich in Amerika besaß? Es war nicht viel, vielleicht so um die tausend Dollar alles in allem. Was, wenn er alles annimmt und ich dann abgebrannt bin, ohne einen Pfennig? Hieran würde ich erkennen, ob er ein vertrauenswürdiger Lehrer ist. Konnte ich es wagen, diesen Gedanken zu verwirklichen? Ich war ängstlich. Nun, ich würde mich entscheiden, sobald ich die Bergspitze erreicht hatte. Ich ging die Pros und Contras dieses totalen Vertrauensbeweises durch und versuchte zu entscheiden, ob es von Wert war. An einem Punkt während des Aufstieges machte ich die deutliche Erfahrung, daß ich in einer anderen früheren Inkarnation Shivani, die Göttin der Liebe, war. Dieses Gefühl war ähnlich intensiv, wie das frühere Gefühl, ein Einsiedler gewesen zu sein.

Auf der Bergspitze stand ich in der Schlange, um Babaji zu begrüßen. War ich mutig genug, meinen Plan der totalen Hingabe zu verfolgen? Wollte ich wirklich ein solches Risiko eingehen? Genau in diesem Augenblick, als ich über diesen Gedanken nachgrübelte, sah Babaji mich direkt an und zeigte ein wissendes Lächeln. Die ganze Stunde, während ich in der Schlange stand, hatte er nicht in meine Richtung geblickt. Auch jetzt war ich noch ziemlich weit von ihm entfernt. Er wußte also Bescheid, was in meinem Inneren sich abspielte.

Als ich ihm näher kam und an der Reihe war, ihn zu begrüßen, übergab ich ihm meinen Rucksack mit den Worten: "Ich übergebe dir alles, was ich besitze, und du gibst mir, was ich benötige." Er nahm meinen Rucksack in Empfang und überreichte mir eine Rupie. Dann gab er mir einen schönen Schal, der ihm von einem Schüler über den Kopf gelegt worden war und entgegnete: "Ich bin nur der Verwalter. Du kannst nehmen, was du brauchst."

Ich fühlte mich so leicht, als ob eine schwere Bürde von mir genommen worden wäre. Babaji behielt meinen Rucksack und ich wußte, daß ich ihm vertrauen konnte. Ein paar Minuten später rief er mich herüber, um mein Bild mit einer Sofortkamera zu machen. Ich dachte, ich sehe auf dem Bild scheußlich aus, doppelt so breit wie normal, weil ich die dicke Hose anhatte, einen dicken Rock über den Hosen und dann zwei dicke Pullover und einen Sari über dem ganzen. Den Abschluß bildete ein Schal über dem Sari und ein ulkiges Tuch auf dem Kopf, um meine Ohren warm zu halten. Doch was kümmerte mich mein Aussehen? Das Bild würde auf jeden Fall so herauskommen, wie Babaji es wollte. Als ich das Photo endlich in den Händen hielt, konnte ich meinen Augen kaum trauen. Ich sah wie eine Königin aus. So hatte ich vieles erfahren auf dem Wege, vom Dasein eines Einsiedlers bis hin zur Göttin, und wahrscheinlich alles, was dazwischen lag. Jetzt war ich eine gewöhnliche, städtische Hausfrau und Psychologin. Zwei Stunden später gab mir Babaji meinen Rucksack zurück."

Ein andermal nahm mir Babaji mein Geld weg, etwas, was sehr kostbar für mich ist, denn es bedeutet Sicherheit, Überleben. Gaura Devi war sehr hilfreich in dieser Angelegenheit. Sie erklärte mir, daß ich viel mehr geben kann, als ich es tue. Ich fragte Babaji: "Wenn ich nicht genug Geld habe, um zu zahlen, kann ich es dann später begleichen?" Er antwortete: "Es vermehrt sich!"

Tagebucheintragungen eines Aufenthaltes

Ich versuche, so tief wie möglich in alle Situationen und Erfahrungen hineinzugehen, die mir begegnen.

Heute fühle ich mich in Licht verwandelt. Babaji war es oft. So etwas geschieht ihm häufig. Aber, daß es tatsächlich mir passieren konnte, lag weit jenseits meiner Vorstellungen. Shastriji, der ehrwürdige Priester, der immer um Babaji ist und offensichtlich die Zukunft voraussagen kann, sagte mir, daß ich Billionärin würde, keine Millionärin, sondern Billionärin. Auch betonte er, daß ich 1987 wissend sein würde. Ich freute mich darüber, zweifelte aber im Inneren, ob er wirklich die Fähigkeit habe, die Zukunft vorauszusagen. Er erzählte einer Italienerin namens Hari Govindi, daß ihr Herz sehr offen ist, daß er noch nie ein so offenes Herz gesehen habe. Ich fühlte die Wahrheit seiner Worte. Als ich oben auf den 108 Stufen der Ashramtreppe saß und Babaji beobachtete, wie er unten am Fluß die Arbeitsprojekte leitete, war ich sehr über mein verschlossenes Herz betrübt. Ich blickte hinunter zu ihm, und während ich so versunken da saß, formten sich tief in meinem Innersten die Worte: "Bitte, öffne mein Herz"! Auf einmal quoll tiefe Sehnsucht aus mir hervor, und ich hörte mich diesen Satz immer und immer wiederholen. Dann bemerkte ich, wie Babaji von einem matten gelben Licht verschlungen wurde.

Das Licht, das ihn umgab, wurde stärker und stärker, sein Körper schien beinahe durchsichtig zu sein, fast wie eine Silhouette. Seine Arme bewegten sich wie im Tanz, während er die Arbeiten dirigierte. Licht strömte aus seiner Gestalt, und dieses Licht schien die Aktivitäten ringsum zu dirigieren. Es ist unmöglich, diese Erfahrung mit Worten wiederzugeben. Welch ein beeindruckendes Bild! Die Intensität meiner Gefühle nahm zu. Es war, als ob Wasserfälle sich aus meinen Augen ergossen, während ich ständig wiederholte: "Bitte öffne mein Herz - mein Herz ist so verschlossen." Mir war, als fühlte ich tiefen Schmerz, den Schmerz eines jeden menschlichen Wesens, und ich begann, mich ein wenig zu fürchten. "Diese Erfahrung ist zu intensiv, bitte vermindere sie", dachte ich. "Nein, mach weiter, sei nicht ängstlich", sagte ein anderer Gedanke. Ich erinnerte mich an die Gestalttherapie. Hier wurde empfohlen, mit der Erfahrung zu gehen anstatt sie abzublocken. "Bleib dabei, intensiviere"! hörte ich undeutlich meine Stimme Patienten zu Hause in meiner Praxis anleiten. Also blieb ich dabei und steigerte mich hinein in die neue Situation. Meine Gefühle verstärkten sich. "Hoffentlich kommt niemand vorbei, man wird denken, ich flippe aus... Bleib dabei, mach dir keine Sorgen, laß sie denken, was sie wollen... verlier' nicht die Erfahrung", sagte eine andere Stimme. Ich konzentrierte mich, die Gefühle steigerten sich weiter, ich übertrieb und schrie hysterisch, während ich versuchte, nichts an Intensität zu verlieren. "Tiefer, tiefer, hab' keine Angst, es wird dir nichts passieren"... Ich ging noch tiefer, und mein Körper fühlte sich an, als ob er vergehen würde. Jeder Blick auf Babaji und das Licht, das ihn umgab, führte meine Erfahrung in eine tiefere Schicht. Licht war um mich, ein göttliches Licht. Ich badete darin, es fühlte sich so köstlich an. Ich selbst schien zu Licht zu werden oder mich vielmehr darin aufzulösen. Wie lange dieses Geschehen dauerte, weiß ich nicht. Ich war mir nicht der Zeit bewußt, ich war die Zeitlosigkeit selbst.

Ließ ich während einer Erfahrung los, so entspannte ich mich völlig und dann sogar noch tiefer. Je mehr ich mich hineinfallen ließ, umso mehr Energie floß mir zu. Tiefer zu gehen bis ins Extrem, ohne darin verhaftet zu sein, ist der schnellste, aber schwierigste Weg. Er benötigt viele Antriebskräfte, die zu produzieren Babaji ein Meister ist.

Demut ist die Pforte zu Gottes Tempel. Wie kann ich es wagen, so stolz vor Gott zu treten? Wie viel mehr kann ich geben und vieles mehr mit anderen teilen, als ich es in der Vergangenheit tat! Babaji sagte zu mir: "Entzünde dieses "Gilette" Wegwerf-Feuerzeug, das tausend Lichter hat und vielfach zu verwenden ist." Diese Worte waren seine Reaktion auf mein Gefühl, nicht loslassen zu wollen. Ich hing einer schönen Erfahrung von heute morgen nach. Mein Herz hatte sich geöffnet und Fontänen der Liebe waren in alle Richtungen hinausgeströmt. Welch eine wundersame Erfahrung! Sie dauerte etwa 15 Minuten; über ihre Kürze war ich betrübt......... Dennoch kann man diese Erfahrung verwerfen, es gibt tausende dergleichen mehr. Wie wahr und anwendbar ist es auf alle Gelegenheiten.

Babaji ist mein Helfer, mein Beschützer. Ich war verrückt, ich traute meiner eigenen Erfahrung nicht. Ich vertraute stattdessen der Verrücktheit anderer. Ich fürchtete für mein Überleben, dennoch wollte ich keine Wanze sein. Schaffe ich Disharmonie, dann bin ich eine Wanze. Es gab Zeiten, in denen ich ärgerlich war, eifersüchtig.... Gaura Devi lud uns gerade zu einer Tee-Party mit Babaji ein und ich dachte gerade über das Positive nach. Was ist positiv? Zu wünschen, das Babaji das Beste tut... oder würdig zu sein? Ich will es versuchen. Warum nicht? Dennoch erscheint mir dieser Versuch ein wenig erschreckend. Angenommen, ich gebe meine Wünsche auf und bekomme nicht das, was ich wirklich möchte? Babaji, ich will deine Hilfe nicht mehr - ich will jetzt dir bei deinem Auftrag helfen! Der Rechtsanwalt Lokpal Singh fiel mir auf. Er ist kahl und sicher ein wirklicher Helfer! Ich bin bereit, meine Geldwünsche aufzugeben und auch meine Wünsche nach spirituellen Erfahrungen, Wünsche nach Heilung, Wünsche, die meinen Körper betreffen, mein Aussehen. Dieser Verzicht erschreckt mich, aber ich weiß, daß ich viel mehr dafür erhalte.

Für das höchste Glück will ich arbeiten. Sollte dies ein egoistischer Wunsch sein, so gebe ich auch ihn auf. Den Wunsch, Shivani zu sein oder irgend etwas Besonderes gebe ich ebenfalls auf.

Es wäre eine Hilfe für Babaji, ihn nicht mehr zu brauchen. Er könnte sich dann anderen Aufgaben zuwenden. Ich bin bereit, meinen Wunsch nach Babajis physischer Präsenz aufzugeben. Bereitwillig gebe ich meinen Wunsch nach Liebe oder mein Bedürfnis nach Liebe auf. Ich bin bereit, meine Vorurteile loszulassen. Ich fühle mich verwirrt, daß Geld mir so viel bedeutete!

In Babajis Gegenwart ist es leichter, meine Wünsche fahren zu lassen. So viele schöne Gefühle tauchen im Inneren auf. Im Vergleich dazu ist Geld eine Bürde. Arbeiten und verantwortlich zu sein zählt.... Tausend Lichter, auf jede Situation einstellbar.... Ich bin bereit meinen Wunsch nach Wunschlosigkeit aufzugeben.

Es tut weh, so viel Liebe zu benötigen. Haidakhan ist ein Ort, an dem ich unter der Führung einer sehr hohen Intelligenz meine Gefühle analysieren kann. Dazu brauche ich nur offen für Babajis Lehren zu sein. Ich lasse einfach los, lausche und beobachte mich. Hundertprozentig im Hier und Jetzt zu sein, ist wichtig.

Alle sind an diesem Ort so liebevoll und hilfsbereit. Jegliche Arten von Wunden und Verletzungen aus der Vergangenheit scheinen zu heilen. Ich fühle mich leichter und friedvoller als je zuvor. Selbst mein Wunsch nach Wunschlosigkeit heilt.

In Gedanken bat ich Babaji, mir zu helfen, göttliche Wunschlosigkeit zu erreichen. Ich bekräftigte, daß "ich bereit bin, alle meine Wünsche oder Anhaftungen an menschliche Werte aufzugeben, sofern das, was vor mir liegt, besser ist". Dadurch, daß ich göttliche Gefühle erfahren hatte, wußte ich, daß vollkommene Öffnung die Voraussetzung dazu ist. Das bedeutet, keine Anspannung, Ängste oder Sorgen zu haben, sondern vollständiges Vertrauen und Hingabe darin, daß alle meine Bedürfnisse gestillt werden. Wünsche und Bedürfnisse müssen nicht unbedingt übereinstimmen. Ich muß lernen, der Vorhersehung zu vertrauen, so werden meine Bedürfnisse erfüllt. Folglich scheint es logisch, daß ich meine Wünsche aufgebe, nicht jedoch meine Verantwortung. Im Gegenteil, verantwortungsbewußtes Handeln wird selbstverständlicher und müheloser.

Ich bat um göttlichen Frieden. Gerade in dem Moment erblickte ich Babaji. Prompt rief er mich zu sich.

Ich setzte mich in seine Nähe und wartete auf die nächste Lehre. Kein Wort sagte er, sondern schaute nur friedvoll von den Pflanzen zu den Bäumen. Während ich so da saß, vergaß ich meine Bitte. In mir war es gedankenstill. Dann regten sie sich wieder und ich versuchte, mir schnell etwas einfallen zu lassen, wonach ich Babaji telepathisch fragen konnte. Die Antwort, die ich innerlich hörte, war: "Wünsche sind meine Feinde, nicht meine Freunde, sie verletzen mich, sie vergiften mich und mein Denken und sie vergiften die Welt. Kann ich es daher wagen, ihnen nachzuhängen?

Eine meiner Ängste war, daß Babaji mir durch seine ungewöhnlichen Kräfte, die ich nicht verstand, schaden könnte, wenn er auf mich wütend war. Mein Ego jedoch war zu stolz, meine Angst vor ihm zuzugeben. Also versteckte ich dieses Gefühl irgendwo in meinem Körper. Dies war eine Widerspiegelung meiner Angst vor vielen Handlungen in meinem Leben. Babaji lehrte mich, Gott zu vertrauen oder dem Universum und mit ihm in Harmonie zu sein. Oft haben wir Zukunftsängste. Diese schmälern unsere Freude am Hier und Jetzt. Wir vergessen, daß wir im Augenblick leben und es ist unvernünftig, uns durch Sorgen um die Zukunft die Gegenwart zu vergällen.

Manchmal meine ich, eine Schlange zu sein, aus der alles Gift herausoperiert werden muß. So gezähmt, könnte ich niemanden verletzen, auch mich nicht. Ich häute mich wie beim Zwiebelschälen, Schicht um Schicht verschwindet. Ich gehe zu Babaji, um unter seiner Führung noch mehr Schichten abzuschälen, schmerzlos und hoffnungsvoll.

Als ich heute morgen keine Gedanken hatte, sagte Babaji: "Alle Anwesenden sollen herkommen". Dann verteilte er Süßigkeiten. Am selben Abend kaufte ich für ihn Bonbons. Bevor ich sie Babaji überreichte, drückte ich sie an mein Herz und betete, daß sie Erleuchtung, göttlichen Frieden, Genügsamkeit, göttliche Liebe und Ordnung geben mögen. Zwei davon gab er mir zurück und ich beobachtete, wem er den Rest schenken würde: er steckte ihn ein, und nahm ihn erst am nächsten Morgen aus einer Tasche. Einem indischen Arbeiter gab er eine große Handvoll. Den Rest erhielten zwei andere indische Arbeiter. Ich war enttäuscht! In meiner Vorstellung hatte ich alle Schüler aus dem Westen oder eben jeden einen Bonbon bekommen sehen. Dann fiel mir mein Vorurteil auf. Jedes menschliche Wesen verdient es gleichermaßen, erleuchtet zu werden.

Als ich Babaji nach göttlicher Wunschlosigkeit fragten wollte, bemerkte ich, wie ich meine Lippen zusammenkniff. Was hielt ich zurück, was verkniff ich mir? Ich hörte in meinen Körper hinein und fühlte eine Verhärtung in der Magengegend. Hier hatte ich einige Wünsche versteckt, die ich Babaji nicht bekennen wollte. Aber dann wurde mir klar, daß er sowieso um sie wisse. Prompt blickte er mich an und machte mit seiner Hand zweimal eine zurückweisende Geste.

Babaji spielt viel mit der Dualität - er produziert, erschafft Situationen, Erfahrungen, die auf der einen Seite absolut aufregend, erfreulich sind, aber auf der anderen Seite ebenso schmerzlich. Die Schüler werden dadurch verwirrt und hören auf, Überlegungen anzustellen. In diesem Moment steht ein Freiraum für Frieden und Glücksgefühle zur Verfügung.

Babajis Lehren sind prickelnd und neu, irgendwie nicht mit der Vergangenheit verknüpft. Oft war mir, als sei ich in einem Wunderland. Zuzeiten betritt man die Bühne und spielt ein emotionales Drama, von dem man vollständig gefangen wird. Plötzlich, peng, ist man draußen und beobachtet von außen die Handlung.

Mir wurde gesagt, um fünf Uhr in der Kirtanhalle zu sein. Weil es nicht leicht für mich ist, zu meditieren, benutze ich die Gelegenheit zum Stillesitzen und zum Schreiben. Es regnet. Mein Sari ist naß. Ich durchquerte den Fluß, um eine saubere Stelle zum Baden zu finden.

Es ist erstaunlich, wie oft ich das Gefühl habe, als würde für alle meine Bedürfnisse gesorgt. Es ist, als sei ich ein offenes Buch, in dem das Übergeordnete alle meine Bewegungen und Gedanken sehen kann, nur daß hier das Paradies ist und das Buch ein Alptraum. Nirgends kann ich etwas verstecken. Wie erstaunlich, daß mir das ein unbehagliches Gefühl verusacht und mich zuzeiten verwirrt. Ängstlich, voller Furcht bin ich vor dem Unbekannten. Wer ist Babaji wirklich? Können wir alle erlernen, ein solch umfassendes Bewußtsein zu erhalten? Der Gedanke, es zu können, ist so aufregend, daß er aus dem Leben ein aufregendes Abenteuer macht. Die meiste Zeit jedoch fühle ich mich heiter und frei, denn ich habe nichts zu verbergen. So bin ich frei.

Andere Leute hier scheinen zu wissen, daß Babaji Gott ist. Das gibt mir beides, ein glückliches und ein unbehagliches Gefühl. Unbehaglich, weil ich kein religiöser Mensch bin in der Art, wie dies mir in meiner Kindheit beigebracht wurde. Auch weiß ich nicht genau, wie ich mir Gott vorstellen soll.

Vor zwei Tagen erklärte Hali mir den Begriff GÖTT-LICHE ORDNUNG. Es bedeutet die Harmonie meiner Gefühle und Gedanken. Ich verinnerlichte diese Erklärung durch Nachdenken und Bejahen, als ich hinüber zur Kirtanhalle ging. "Bitte laß GÖTTLICHE ORDNUNG in meinem Leben walten!" Der Gedanke an GÖTTLICHE ORDNUNG war so wohltuend. Gerade da begegnete mir Babaji. Er rief mich zu sich und sagte: "Komm!" Dann legte er mir einige Mandeln in meine rechte Hand und sagte: "Für Gaura Devi". Als ich gerade zu ihr gehen wollte, gab er mir mehr Nüsse in die andere Hand und bemerkte dazu: "Für Shivani-Devi - Deva Shivani bist du". Ich lächelte, es war ein glückliches, heiles Lächeln. Jetzt bin ich göttlich in seinen Augen.

"Hilf mir, nichts vor dir zurückzuhalten, nichts festzuhalten oder vor dir zu verstecken". Die Beziehung, die ich zu Babaji entwickelt habe, ist die Beziehung, die ich lerne, zu mir persönlich zu haben, und sie überträgt sich letztlich auch auf andere. Deshalb öffne ich mich meinem göttlichen Selbst und bitte um "GÖTTLICHE OFFENHEIT". Nirgendwo sind noch Verspannungen. Stell Dir vor, immer oder zumindest die meiste Zeit aus einem Zustand sehr tiefer Entspannung heraus zu handeln. Warum nicht? Ich will es auf jeden Fall versuchen.

Später am Morgen rief Babaji mich herüber. Wir saßen am Boden des Balkons. Er nahm ein Messer und begann, an meinem Haaransatz zu schaben. In meiner ersten Reaktion fragte ich mich: "Was hat er vor? Will er mir mein Haar scheren oder nur etwas abschneiden?" Ich verkrampfte mich, weil ich mich an andere bedauerliche Erfahrungen aus der Vergangenheit erinnerte. Durch diese Erinnerung ließ ich sofort los und entspannte mich innerlich. Mein Kopf fiel nach vorn voller Ergebung und ich dachte: "Ach, was soll das. Ich will ihm vertrauen!" Genau in dieser Sekunde ließ Babaji meinen Kopf los. Ich setzte mich auf und hörte, wie er sagte: "Morgen machst du mundan (rasierst deinen Kopf)!" Ich blickte in seine Augen und erwiderte fest: "Nein". In meinem Kopf gab es viele Gründe dafür, aber der wichtigste war mein bevorstehender Besuch in Israel zum sechzigsten Hoch-zeitstag meiner Eltern . Ich blickte umher und fühlte, daß ich aus Respekt vor der totalen Hingabe der anderen an Babaji eine plausible Erklärung abgeben sollte. Folglich sagte ich zu Babaji, daß ich mich auf dem Wege nach Is-rael zu meinen Eltern befinde und sie es nicht gutheißen würden, wenn mein Kopf rasiert wäre. Die Antwort, die ich bekam war: "Babaji möchte es. Entweder mundan oder du gehst!" "Dann muß ich wohl gehen", dachte ich innerlich und prompt kam seine Antwort auf meinen Gedanken: "Ich vergebe dir diesmal, machst du näch-stesmal mundan?" Es dauerte eine Weile, bis ich seine Worte verstand.

Als ich die 108 Stufen nach meinem Nachmittagsbad hinaufging, hatte ich ein "Aha"-Erlebnis. Um tiefe Ent-spannung zu lernen, muß ich tiefe Hingabe an mein Hö-heres Selbst erlernen. Noch immer habe ich mundan nö-tig. Göttliche Ordnung kann niemals walten, wenn andere zu etwas gezwungen werden. Befindet man sich innerlich in Harmonie, so zeigt sie sich äußerlich.

Ich hörte Babaji sagen: "In dir ist alles. Du denkst, du bist nichts. Sieh alles innerlich an, fürchte dich nicht davor, hinzusehen".

In der Nacht wurde ich von einem seltsamen Geräusch in meinem Hals wach. Eine leise Stimme raunte mir zu: "Du bist zornig, du bist zornig!" Ich war erstaunt über meinen Zorn im Inneren und sah ihn mir daraufhin offen an. Ich war zornig hauptsächlich auf mich selbst, weil ich vieles nicht besser machte. Ich begann meine Energien mit Sanftmut und Liebe zu aktivieren und mein Körper öffnete sich. Ich löse meine Eifersucht auf und bin ein vollkommener Ausdruck göttlicher Liebe. Wieso verschwende ich meine Zeit damit, darüber nachzudenken, was mit anderen passiert? In Wirklichkeit interessiert es mich nicht. Ich will nur wissen, was zwischen mir und Babaji geschieht. Es verbleiben mir noch elf Tage und jede Sekunde ist kostbar, ich will hundertprozentig im Hier und Jetzt sein.

Gestern fiel ich hin, quälende Schmerzen plagten mich. Zweifel an Babaji stiegen in mir hoch, ich wollte nach Hause. So fragte ich ihn, ob ich mich in die Stille begeben kann, und Babji nickte bejahend. "Wieviele Tage?" fragte ich. Er zeigte mir fünf Finger.

Mir fiel die bebrillte, zitternde, magere junge Frau ein, die sehr klein und demütig aussah. Sie schien sich unbehaglich zu fühlen. Als sie zu Babaji kam, sagte er zu ihr: "Du nicht", und ahmte mit seiner Hand in einer Aufwärtsbewegung ihre Zittrigkeit nach. Anders ausgedrückt sagte er: "Du denkst, du bist nichts?" Die junge Frau sah ihn verwirrt an. Und ein paar Sekunden später hörte sie Babajis vertrauensvolle, sichere Stimme: "Du (bist) du". Ihre ganze Art und ihr Aussehen schienen sich zu verändern. Ich möchte immer auf eine solche sanfte und segensreiche Weise lernen, ohne Schwierigkeiten. Unbewußt wissen wir alles. Der Körper ist das Zentrum und der Kopf der wichtigste Teil. Babajis macht es Freude, ganz er selbst zu sein. Denke ich daran, daß möglicherweise jemand eifersüchtig auf mich ist, dann verletze ich mich selbst. Die andere Person nimmt meine Gefühle nicht einmal wahr. Sie befaßt sich nur mit ihren eigenen Erfahrungen. Alle Gedanken verursachen Anspannung. Anspannung ist ein konstanter, subtiler Schmerz. Niemand außer mir muß meinen Schmerz fühlen. Genauso brauche ich niemandes Schmerz außer meinen eigenen zu fühlen.

Ego ist Stolz! Die Schmerzen, als ich vor zwei Tagen hinfiel, waren schrecklich. Aller vorhandener Schmerz schien aus mir herauszuströmen. Drei Deutsche pflegten und heilten mich mit viel Liebe. Es tat so gut, von Deutschen geliebt und umsorgt zu werden. Ihre Hilfsbereitschaft machte mich friedvoller. Erst vor wenigen Stunden sind sie weggegangen. Auch ihnen gegenüber scheine ich friedlicher zu sein, nicht mehr so gereizt wie gewöhnlich..... Ich möchte natürlich alles erkunden, das mich meinem Ziel, Frieden zu empfinden, näher bringt. Jeder Mensch kann helfen, Frieden in der Welt zu schaffen. Nur muß er zuerst selbst Frieden in sich fühlen. Je friedlicher ich bin, um so kreativer werde ich. Je kreativer ich werde, umso mehr Lebensenergie fließt in die Richtung, die ich vorgebe.

Es gibt Momente, in denen ich mich selbst vergesse. So lange sich meine Gedanken um mich selbst drehen und nicht um jemand anderen, enthüllen sich diese kostbaren Gefühle nicht, das Gefühl, daß es kein "Ich" gibt, und eins zu sein mit der Welt, mit dem Lebensquell, dem Universum, dem Höchsten.

Der Zustand der Wunschlosigkeit ist der friedvollste. Das bedeutet nicht, daß ich keine Vorlieben mehr habe. Im Gegenteil. Wenn das, was existiert, schön ist, so soll es so bleiben. Da sollte es kein Verlangen geben, es zu ändern. Diese Einstellung bedeutet, im Hier und Jetzt zu leben. Je friedvoller ich innerlich bin, destomehr lebe ich in der Gegenwart. Gern möchte ich, daß mich jeder anerkennt, mich selbst eingeschlossen. Babaji kümmert sich um alles hier. Ich lerne, mich nicht zu sorgen. Sorgen ziehen meine Energie ab, ebenso die meisten Gedanken. Gedanken sind eher kämpferisch als harmonisch. Je bewußter diese geistigen Gesetze in uns wirksam werden, umso mehr Harmonie schaffen wir innerlich und äußerlich.

Je mehr ich mich darauf einstelle, jedem Gutes zu wünschen, um so mehr strahlen die Auswirkungen auf mich zurück. Mein Hier und Jetzt wird leuchtender. Sich auf das Wort OM einzustellen ist hilfreich. Habe ich ätzende Gedanken anderen gegenüber oder verletze ich ihre Gefühle in Gedanken, so bekriege ich sie und schaffe Unfrieden.

Vor drei Tagen saß ich mit John unter dem großen Ashram-Baum. Er plapperte vor sich hin, und es war wohltuend, selbst nicht zuhören zu müssen, wenn mir nicht danach ist. Es gab keine Notwendigkeit zu antworten. In mir war Stille. Babaji kam die Treppen hinauf. Flüchtig berührte ich mein Bein und spürte eine Verspannung. Daraufhin fragte ich Babaji: "Nicht offen?" "Morgen wirst du offen sein", antwortete er. Am nächsten Tag fiel ich die Stufen hinunter. Der Schmerz öffnete mich und ich benutzte ihn, loszulassen und so tief zu weinen, wie ich konnte.

Wir alle wollen im Grunde genommen aus dem Leben eine paradiesische Erfahrung machen. Wir können es tatsächlich, wenn wir uns der Wunschlosigkeit hingeben. Blicke ich nach innen, dann weiß ich, daß der Wunsch nach Frieden mich zu Babaji führte. Darum: keine bissigen Gedanken mehr irgend jemandem gegenüber, nur liebevolle! Bestand ein Zusammenhang zwischen meinen Gedanken und den Flohbissen? Letzte Nacht wurde ich zum ersten Mal nicht gebissen. Es juckte mich noch nicht einmal heute morgen. Hoffentlich bleibt es so. Wie logisch, keine bissigen Gedanken mehr zu haben!

Gerade jetzt gebe ich meinem Gehirn den Befehl, keine ätzenden Gedanken mehr gegen andere zu haben, gegen mich natürlich auch nicht. So wird das Gift entfernt und ich kann die Dinge ausgewogen sehen. Welche Erleichterung! Mein ganzer Körper atmet auf. Nirgendwo mehr eine Verspannung. Ich leite meine Energie hinauf in den Kopf. Ich habe Angst vor der bissigen Welt. Bitte, Babaji, nimm meine Bisse hinweg und meine beißenden Gedanken. Lösche meine Vorstellung, daß andere über mich bissige Gedanken haben. Aus irgendeinem unerklärlichen Grund baue ich Widerstand auf gegen Liebe, die andere mir entgegenbringen und gegen ihren guten Willen, wenn sie mir nette Dinge sagen. Um diese Einstellung zu ändern, stelle ich mir vor, daß jeder gut von mir denkt. Jeder, den ich kenne. Gedanklich gehe ich meine Beziehungen durch. Jetzt kann ich mich weiter öffnen und tiefer gehen. Ich lerne, nicht ängstlich, sondern spontan zu sein. Manchmal plante ich oder dachte der Zeit voraus, um zu wissen, wie ich auf gewisse Situationen regieren soll. Deshalb ist jede Erfahrung mit Babaji irgendwie erschreckend, es ist die Begegnung mit dem Unbekannten.

Babaji spricht sehr wenig mit den Ausländern, mit den Indern hingegen viel. Er beginnt auf der Stufe, auf der die jeweilige Person geistig steht.

Jeder in meiner Familie, auch ich und meine Freunde wollten einander immer etwas Gutes wie Erfolg haben und hatten gleichzeitig Angst davor. Sie wollten eingeschlossen sein. Deshalb wurden sie manchmal zu kritisch und störten sich. Das ist der Punkt, an dem sich Unwille aufbaut. Und ich hatte Angst davor, ein geistiger Mensch zu werden. Jetzt erkenne ich, daß dies keinen Konflikt bedeutet. Ein Teil von mir ist spirituell, ein anderer physisch, einer intellektuell und wieder einer emotionell. Warum also verleugnete ich meinen spirituellen Teil? Je vielseitiger ich bin, umso besser. Ich wollte nicht als seltsam abgestempelt werden.

Vor zwei Tagen machte ich während des Aarti be-
eindruckende spirituelle Erfahrungen. Ich hielt meine
Hände vor mein Gesicht und konzentrierte mich, wobei
ich mir mit Bestimmtheit befahl, mich nicht zu bewegen,
bevor ich nicht hundertprozentig offen sei. Dabei konzentrierte ich mich auf Babaji. Gerade da traf er mich
mit einem Toffee-Bonbon und mir war, als ob ein großes,
scharfes, rundes Rasiermesser in meiner Mittellinie
steckte. Ich versuchte, meine Mittellinie an die Babajis
anzupassen, ohne ihn gedanklich zu verletzen. Er schien
glücklich hierüber zu sein und rief: "Om", geradewegs in
meine Richtung. Ich stimmte mit den Sängern ins OM
NAMAH SHIVAY ein und öffnete mich auch denen, die
um mich herum saßen und weiter dann der Menschheit
im allgemeinen.

Gestern morgen, als wir vor Babaji saßen, blickte ich
auf sein Armband mit "OM NAMAH SHIVAY" Aufschrift
und wünschte es mir zum Geschenk. Ich blieb bei diesem
Gedanken, er ließ mich nicht los, und ich fühlte mich
deshalb schuldig. Was soll ich nur mit diesem Gedanken
anfangen, fragte ich mich. Babaji schaute mich an und
bewegte seine Hand auf eine zurückweisende Art. Ich
verstand. Dann sagte er zu mir: "Geh und reinige alle
Gläser".

Ich will nichts wünschen, das irgend jemand irgendwie verletzen könnte. Darum laß mich bitte Freude empfinden, wenn andere Leute Gaben empfangen. Meine
tiefste Sehnsucht gilt dem Göttlichen. Ich liebe dieses
sehnende Gefühl, etwas schmerzhaft, aber dennoch süß.
Es ist gut, mich selbst als göttlich zu sehen. Ich verdiene
es, göttlich zu sein und mich göttlich zu fühlen.

Auf dem einen Bild, das mir Babaji schenkte, sieht er traurig aus. Als ich darüber meditiere, forsche ich nach Traurigkeit in mir und bin erstaunt, noch immer Schmerz zu entdecken. Er betrifft meine Mutter. Ich erfahre und durchlebe ihn und schicke liebenden Segen allen meinen Familienmitgliedern. Jetzt ist mir leichter und friedvoller ums Herz. Meine Mutter betete immer für jedes ihrer Kinder, daß es glücklich, erfolgreich und wohlauf sein möge - sie machte sich immer Gedanken, daß ich ja betete.

Ein dunkelhäutiger Mann aus Frankreich fragte Babaji, ob er ihn zu Hause besuchen würde. Babaji antwortete, er sei allgegenwärtig. Oftmals fühle ich seine Gegenwart, obwohl er nicht anwesend ist. Es ist so ein gutes, beruhigendes Gefühl.

Ein neues unbekanntes Gefühl durchdrang mich letzte Nacht. Es war, als ob eine Art Nektar sich in meine Knochen ergoß. Dieses Gefühl habe ich noch nie zuvor erlebt. Es war köstlicher als sexueller Orgasmus und hielt länger an. Göttlicher Nektar in meinen Knochen! Als ich dieses erlebte, erfuhr ich erneut, daß Babaji ein wahrer Lehrer ist und wirklich der Avatar Babaji, wie in der Autobiographie eines Yogi. Es gab Zeiten, in denen mir dieses bewußt wurde, aber irgendwie fühlte ich mich dennoch ihm gegenüber zu verwirrt, um es mir einzugestehen. Ein kleiner Teil von mir war zu stolz, dieses Wissen zuzugeben. Ich verbarg es hinter einem dummen Lächeln, aus Angst, es bekennen zu müssen. Die Furcht, einfältig zu erscheinen oder mich zu fühlen, behinderte mich. Ich weine im Inneren über diese Zeit, die ich durch

Theaterspielen vergeudet habe, ihn zu testen, skeptisch zu sein, mein Vertrauen zurückzuhalten. An einem Punkt sagte er lachend: "Schau, automatische Taschenlampe". Das Licht der Lampe ging von alleine an und aus. "Vielleicht ein automatischer Kopf!" Ich verstand, daß meine Gedanken, unsere Gedanken sich durch unsere früheren Erfahrungen verselbständigt haben. Es braucht Zeit, sich neuen Denkarten anzupassen oder neuen Lebensstilen, egal wie beeindruckend sie sind und wieviel Sinn diese neuen Wege haben mögen. Die Erfahrungen hier scheinen mir ohne Zusammenhang mit meiner Vergangenheit zu sein. Es ist beinahe, wie auf einem anderen Planeten zu leben. Fremde Sitten, Essen, Kleidung, Gewohnheiten eingebettet in Zeitlosigkeit und Unvorhersagbarkeit. Babaji ist völlig undurchschaubar. Ich kann nie im voraus sagen, was er als nächstes tun wird. Eine leichte Furcht begleitete mich meistens, wenn ich mich ihm näherte. Gaura Devi gab mir gerade folgende Zeilen zu lesen. Sie stammen von Swami Nadhavananda aus dem Buch "Vivekachudamani of Shri Shankaracharya":

Seite 67, Absatz 172: *Wolken werden vom Wind gebracht und auch wieder fortgetrieben. Ähnlich wird die Knechtschaft und die Befreiung des Menschen durch seinen Verstand verursacht.*

Absatz 173: *Er schafft zuerst die Verhaftung des Menschen an den Körper und an alle Sinnesobjekte und fesselt ihn dadurch wie ein Tier durch Stricke.*

Absatz 174: *Nachher schafft derselbe Verstand im Individuum einen völligen Widerwillen gegen diese Sinnesob-*

jekte, so als seien sie Gift, und befreit ihn aus der Knecht-
schaft.

Absatz 175: *Ist Reinheit erreicht durch Übergewicht*
von Unterscheidungskraft und Entsagung, greift der Ver-
stand nach Befreiung. Deshalb stärkt der Weise zuerst diese
beiden Eigenschaften. (Unterscheidung zwischen dem
Selbst und dem Nicht-Selbst - Entsagung des Nicht-Selbst).

Jetzt meine ich, Babajis Lehren wirklich begriffen zu
haben. Ich bitte darum, sie richtig anwenden zu können.
Eigentlich hätte ich "beten" sagen sollen, doch bereitet
mir dieses Wort Schwierigkeiten. Es ruft so viele unan-
genehme frühere Erfahrungen wach. Heißt das, daß ich
einer bestimmten Glaubensrichtung folge oder an Gott
glaube? Die meisten Anwesenden hier hegen keinen
Zweifel, daß Babaji eine Verkörperung des allumfassen-
den Bewußtseins, also Gott ist. Manchmal wird mir dieses auch bewußt und dieses Gefühl behagt mir. Leider
hält es nie all zu lange an, weil ich es durch mein ratio-
nales Denken "verrückt zu sein", verwerfe. Nebenbei verursacht diese Denkart zu viele Konflikte mit meiner jüdi-
schen Erziehung. Dennoch befinde ich mich oft im Zustand der tiefen Versenkung, ähnlich dem des Betens.
Und er gefällt mir durch seine Reinheit und der Sehnsucht nach dem Göttlichen. Manchmal komme ich mir so
unreif und kindisch vor wie ein Neugeborenes und zittere
oft, wenn ich Babaji begegne. Ich frage mich, was ich
getan oder gedacht habe, das einer Verbesserung bedarf.
Oft scheint er etwas anzusprechen, das mir völlig unbewußt ist. Babaji benutzt die Schock-Therapie. Sie verursacht das Gefühl, mit dem Unbekannten zusammenzu-

treffen. Was wird er mir als Nächstes an den Kopf werfen? Wenigstens hat er mich dieses Mal nicht aus dem Ashram geworfen! Ich vermute, weil ich Fortschritte mache.

Oft ahmt Babaji einen meiner Gesichtsaudrücke nach und bringt mir dadurch ins Bewußtsein, was ich innerlich fühle. Betrachtet man das tägliche Geschehen, so scheint Babaji den ganzen Tag lang nur Gaben zu verteilen. Geld, Nahrung, Früchte, Süßigkeiten, Kleider, Schmuck, Photos etc. Allein bei diesem Besuch gab er mir einen Kaffeebecher, zwei Photos, ein schönes, besticktes, purpurrotes Tuch. Und jedes Geschenk beinhaltet eine Lehre. Das rote Tuch hatte dieselbe Farbe wie sein Gewand an diesem Tag. Gaura deutete es als "Gemeinschaft" mit ihm oder dem Göttlichen. Das erste Photo, das er mir gab, zeigt ihn mit einer Sonnenbrille. Ich stehe neben ihm. So wie ich im Moment das Bild begreife, zeigt es meine Anhaftung an das Jet-set Image. *(Das Erfasssen der Bedeutung ändert sich im Laufe der Zeit, da jede Lehre tiefer ist als ursprünglich angenommen. Dann folgt meistens ein Aha-Erlebnis, begleitet von Freude und Leichtigkeit).* Dieses Jet-set Image wird sehr von meiner Familie und meinen Freunden bewundert, und ich selbst tue gern, was geschätzt wird in unserer Gesellschaft und gefalle mir als "insider". Auf dem Bild berührt mein Körper fast Babajis Beine. Symbolisch vermindert diese Anhaftung an das Erdgebundene mein Verständnis. Folglich sehe ich ihn durch einen Schleier, was meine Sicht umwölkt. Ich bin gerne mit den Jet-Settern zusammen, aber ich fühle, daß meine Verhaftung daran nachläßt.

Auf dem Kaffeebecher steht "OM NAMAH SHIVAY" geschrieben. Er wurde Babaji mit anderen Geschenken von Imam geschickt. Als Babaji den Becher auspackte, hatte ich das Bild vor Augen, wie Babaji mich in meinem Haus zu einer Tasse Kaffee besucht und als einer meiner Freunde in der Küche sitzt. Gerade in dem Moment gab er mir den Becher. Welch ein Segen, diesen Becher erhalten zu haben! Der Tee ist hier immer so heiß, ich konnte deshalb kaum das henkellose Glas halten. Ferner ziehe ich es vor, aus meiner eigenen Tasse zu trinken, sie verhindert, daß ich mir Würmer einfange. Gaura Devi erzählte mir, daß manchmal Wurmeier oben auf dem Glasrand bleiben, wenn einer, der Würmer hat, aus dem Becher trank.

Das letzte Photo mit dem Hund zeigt Babjis einfaches, mitleidsvolles Selbst. Er schickte es mir gestern abend.

An diesem Morgen, als mir Babajis Größe voll bewußt war, fühlte ich mich so demütig und dankbar, hier sein zu dürfen. Er ist so geduldig mit mir! Nach dem Aufstehen säuberte ich das Zimmer und das Nebenzimmer, putzte die Fußböden, entleerte den Mülleimer und reinigte ihn so gut wie möglich. Es ist wirklich ein Fortschritt, all diese Arbeiten freiwillig und mit Freude zu tun. Vorher haßte ich Saubermachen und erledigte deshalb immer nur das Minimum. Welch gutes Gefühl, sauber zu sein. Hält die Entwicklung an, wäre das allein schon wert, hierhergekommen zu sein.

Ich bin durch viele Phasen von Zweifeln gegangen. Wenn irgend etwas in meinem Leben nicht meinen Vorstellungen entspricht, erinnert sich mein Verstand sofort an alles, was Babajis Lehren negieren könnte. Alle physischen und emotionalen Schwierigkeiten verstärkten sich dann. Gestern Nachmittag meinte ich, nicht wirklich hierher zu gehören. Zuerst, weil ich Jüdin bin, dann mußte ich drei Tage in meinem Zimmer bleiben, weil ich meine Periode hatte. Zusätzlich kam noch die Schwäche wegen des Sturzes und der physischen Schmerzen. Auch hat Babaji mich völlig während dieser vergangenen paar Tage ignoriert. Es kam mir vor, als würde ich die innere Arbeit ohnehin selbst tun. Diese Phasen scheinen sich zu vermindern, obwohl sie noch von Zeit zu Zeit auftreten.

Als ich hinfiel, weinte ich heftig eine geschlagene Stunde lang. Mir war, als hätte ich noch nie so starke Schmerzen gehabt. Natürlich gab ich Babaji die Schuld dafür. Zweifel und Mißtrauen erfüllten mich. Ich wollte fortlaufen. Die Angst vor dem Unerwarteten beunruhigte mich. Ich war bereit, aufzugeben. Freude ist schön, aber Schmerz unerträglich. Wenn diese großen Schmerzen ein unvermeidlicher Teil des Wachstumsprozesses sind, dann wollte ich lieber auf diesen Weg verzichten. An dem Abend schaute ich Babaji mit fragenden Augen ziemlich verärgert an. Jedesmal, wenn mir ein zweifelnder Gedanke durch den Sinn schoß, sah er mich mit einem mitfühlenden, doch festen und klaren Blick an. Verwirrt entschied ich, weil ich nun schon mal hier war, bis zum Ende auszuharren. Heute bin ich froh, geblieben zu sein.

An diesem Tag ist so viel passiert, daß ich hoffe, mich an alles erinnern zu können. Ich ging aus meinem Zimmer, um eine Zigarette zu rauchen, als Babaji mit einem westlichen Schüler die Treppen an mir vorbei in

Gaura Devis Zimmer ging. Als er sich näherte, wußte ich nicht, wie ich mich verhalten sollte. Ich vergaß völlig, daß man in seiner Gegenwart nicht rauchen sollte. Ich habe auch meine Periode und sollte ihm während dieser Zeit nicht zu nahe kommen. Eine indische Sitte, wie ich verstehe. Babaji bedeutete mir, aus dem Wege zu gehen, was ich tat. Vor meiner Tür rauchte ich weiter und lauschte seiner Stimme in Gauras Zimmer. Ein feines Zittern durchfuhr meinen Körper. Was war das? Ich glaubte, keine Furcht mehr zu haben und schämte mich deswegen vor Babaji. Er und alle anderen sollten mich als ausgeglichen, intelligent, reif, liebevoll ansehen, ausgestattet mit allen guten Eigenschaften, Furchtlosigkeit eingeschlossen. Anfänglich versuchte ich die Furcht zu verstecken, sie zu unterdrücken und nicht zu zeigen. Innerlich wiederholte ich ständig: "Bleibe bei deiner Erfahrung", und ging tiefer in das Gefühl hinein. Auch jetzt, während ich schreibe, durchlebe ich das Ganze noch einmal. Ich möchte diese Erfahrung vertiefen, um noch weiter innerlich zu wachsen, so daß ich wirklich über mich hinausrage. Weiter und weiter steigerte ich mich in die Furcht hinein: "Ich habe Angst, ich habe Angst!" Babaji kam aus dem Raum, seine Hände näherten sich den meinen, während er eine Geste des "Hinauswerfens" machte. So wenigstens deutete ich seine Handbewegung... ein Wort, eine Grimasse und eine Geste. Ich sollte also nicht einmal über dieses Gefühl nachdenken, wenn es auftauchte, sondern nur wachsam sein, es ansehen, beobachten und es schließlich aus mir herauswerfen. Gerade jetzt in diesem Augenblick schleudere ich dieses Gefühl oben aus meinem Kopf hinaus. Alles werfe ich jetzt aus meinem Kopf, alles. Jede Zelle meines Körpers ist leer, klar und atmet auf.

Es ist schwierig, in einem Zustand der Gedanken- leere zu schreiben. Dennoch versuche ich es. Es war gut, alles hinauszuwerfen. Es erleichtert. Ein vibrierendes Gefühl, köstlich, ähnlich dem Zustand nach einem Or- gasmus, durchströmt mich. Ich bin entspannt und ge- stärkt. Jetzt steigen die Vibrationen aufwärts zu meinem Herzen hin, zuerst jedoch erreichten sie meine Brust.

Das Folgende mag wie der Text eines schlechten Theaterstückes klingen, aber diese Gedanken schossen mir im superschnellen Tempo durch den Sinn. Erstaun- lich, daß ich alle wahrnehmen konnte.

Babaji hatte Gaura Devi etwas rötlich aussehenden Saft geschickt. Sie kam daraufhin mit den Worten zu mir: "Kannst du ihn bitte trinken? Babaji hat mir den Saft ge- schickt, und ich bekomme ihn einfach nicht hinunter." "Ja, natürlich", antwortete ich erfreut und stellte das Glas zur Seite. Eine Minute später sah ich Babaji auf seiner Terrasse aus einer Tasse trinken. Ich schaute ihm zu und erinnerte mich dann an meinen Saft. Ich holte ihn. Amei- sen krochen bereits daran empor, ich war froh, den Be- cher rechtzeitig geholt zu haben, bevor er ganz von Am- eisen übersät war.

Sollte ich eine Zigarette rauchen, um den Genuß noch zu vergrößern? Statt dessen beschloß ich, daß Schreiben im Zustand der Gedankenlosigkeit ein größeres Vergnügen ist, oder vielleicht sollte ich dieses auch nur üben. Vielleicht ist Gedankenleere die Antwort zu hundertprozentiger Konzentration? Die Glocken läu- teten gerade - eine Bestätigung? Sie läuteten wieder. So nahm ich den Saft und begann, ihn genüßlich zu trinken.

Meinen eigenen weißen Mandelsaft ließ ich auf den Stufen stehen, die zum Dach des Gebäudes führen. Während ich trank, bemerkte ich Verspannungen im unteren Teil meines Körpers, besonders in der Bauchgegend. Dann folgten Erinnerungen. Mein Vater war dagegen, daß ich hierher kam. Meine Mutter bejahte diesen Aufenthalt, wenn er Gesundheit und Heilung fördere.

Es ist Mittagspause. Ich muß ins Bad, aber weil es regnet, schreibe ich weiter. So viel ist passiert in den letzten paar Stunden. Ich habe keine Ahnung, wie spät es ist, aber es ist Siesta am frühen Nachmittag. Meine drei anderen Zimmergenossinnen ruhen sich aus, und es ist ein Plage, hinaus zu müssen, wenn es regnet.

Also, als ich die Energie von meinem Bauch aus freisetzte, flossen viele Gedanken in Sekundenschnelle durch mein Hirn. Mein paranoisches Denken wurde aktiviert. "Was, wenn ich Gift trinke? Aber warum sollte Babaji das wollen? Es war für Gaura bestimmt, nicht für mich. Warum?" Jemand erzählte mir einmal eine Geschichte über Hindu Götter, worin eine der Gattinnen des Gottes von einer eifersüchtigen Frau vergiftet wurde. Seitdem habe ich jahrelang daran gearbeitet, Eifersucht zu überwinden oder zu begreifen. Meine sofortige Reaktion war: Vielleicht war ich in einem früheren Leben diese eifersüchtige Person und büßte jetzt dafür? In diesem Fall will ich das Gift trinken. Dann verdiene ich es. Werde ich durch diesen Akt frei von dieser Tat, dann ist alles in Ordnung. Wie wunderbar, heldenhaft, demütig war ich doch!

Kannst du dir vorstellen, daß diese Art Wahn mir tatsächlich durch den Sinn schießt? Welche Energieverschwendung! Kannst du dir vorstellen, was mir sonst noch durch den Sinn geht, dessen ich mir nicht gewahr werde? Gedankenleere ist wirklich viel sinnvoller. Ich muß verrückt sein, irgendwelche Energien für Gedanken zu verschwenden. In welch nutzlosem Geplapper schwelgt mein Verstand? Es gibt wirklich so viel mehr im Leben, als wir uns bewußt sind.

Dann trank ich weiter und dachte an den Saft als Nahrung von Gott. Er neutralisierte innerlich mein Gift oder heilte meine Schmerzen. Ich sah Babajis Hand sich vor meinen Augen bewegen mit der Aufforderung: "Iß". Immer wenn ich diese Geste sehe, dann weiß ich aus früheren Erfahrungen, daß er sagen will: "Entspanne und freue dich". Spontan entspannte ich mich, und eine schöne Empfindung durchdrang mich. Und mittendrin hörte ich Babaji einen seiner glücklichen Ausrufe ausstoßen. Er rief nach Gaura. Eine Sekunde später bat sie mich, auf das Feuer in ihrem Zimmer aufzupassen. Als ich dann in ihrem Raum saß, zerschmolz mein Körper in ekstatischen Gefühlen. Meine Füße wurden weich und feucht und meine ganze Gestalt so leicht, als ob ich vom Boden abhöbe. Wie aufregend! Als sie zurückkehrte, ging ich zum Fenster hinüber, um Babaji durch die Bäume zu beobachten. Jemand hielt einen Schirm über seinem Kopf auf. Ich fühlte mich beschützt und führte einen langen Dialog mit ihm.

Mein ganzes Leben, mein ganzer Kampf schienen wie auf einem Filmstreifen zusammengefaßt zu sein. Da gab es stark poetische Seiten, häßliche, schmerzvolle Ge-

sten, höllische Szenen. Ich kann mich nicht an alle De-
tails der Gebärden und Dialoge erinnern, aber alle meine
Lehren hier erschienen in einer Serie stiller Bilder vor
meinen Augen. Wie erstaunlich, wie kraftvoll. Ich verfolgte die Gesten und Gesichtsausdrücke, ahmte einige
nach und fühlte die Freisetzung von Energie. Sie führte
ununterbrochen vom Unterleib hinauf bis zur Schädel-
decke und wieder hinunter zu meinen Fußspitzen. Das
Erscheinen dieser Bilder erfolgte in Sekundenschnelle,
zu schnell, um sie alle wiedergeben zu können. Die
Handlung und die Szenerie waren großartig. An einem
bestimmten Punkt stand Babaji auf, und ich bemerkte
den vielfarbigen Schal um seinen Hals. Vielfarbig wie die
Vereinigten Staaten! Er steht für alles, was ich mir vom
Leben wünsche, für alles, nicht nur für einiges. "Ich bin
bereit, eins zu sein mit dir, der ganzen Welt und dem
Universum. Ich bin bereit, geheilt zu werden!" Ein roter
Schirm öffnete sich in meine Richtung und ich vernahm
die Worte: "Ich liebe Dich". Der Schirm entfaltete sich
über seinem Kopf und sah aus wie eine Krone. Die Energie der Liebe wurde umgewandelt in göttliche Energie.
Ich verstand. Der Schirm schrumpfte, fiel hinunter und
verschwand. Ein Fächer wurde jetzt sichtbar. Ich erinnerte mich der Lehre, die er für mich beinhaltet hatte.
Damals hatte ich gefragt: "Was ist zwischen dir und mir?"
Als Antwort hatte er mir den Fächer überreicht. Dieses
ganze Drama, was sich soeben vor meinem inneren Auge
abspielte, hat zwischen ihm und mir stattgefunden und ist
noch immer ein wenig existent. Hoffentlich nicht. "Ich
möchte helfen", fuhr es mir soeben durch den Sinn. Babaji senkte seinen Kopf und verschwand. Der Film war
vorbei.

Gaura kam herüber und gab mir ihre Sandelholz-
kette, ein Geschenk. Babaji hat ihr gerade zwei neue
Ketten überreicht. Vibrationen der Güte durchzogen
meinen Körper. Ich stieß auf das Bild, das Babaji mir am
vorhergehenden Abend geschenkt hatte. Mir fiel auf, daß
Gaura darauf ihren Arm über der linken Schulter und
dem Kopf des Hundes hielt. Ich fühlte zu diesem Zeitpunkt einen Schmerz in meiner linken oberen Körper-
hälfte, und Gauras und Babajis Energien vereint heilten
ihn. Meine Zehen scheinen jetzt auch vom Sturz geheilt
zu sein.

Zuvor, als ich Babajis roten Schirm über seinem
Kopf wie eine Krone bemerkte, begriff ich, daß Liebe
von oben herunter fließt, geradwegs von Gott. Ich sagte
zu mir: "Gott liebt mich", und ich wußte, daß es so etwas
wie Gott gibt, der mich liebt. Das Übergeordnete liebt
mich. In diesem Bewußtsein kann ich alles loslassen. Es
ist nur ein anderer Film. Ich fühle mich so klar und wach,
als ob ich erleuchtet wäre. Mal sehen, wie lange dieser
Zustand andauern wird. Ähnliche Erfahrungen hatte ich
schon, aber dieser hier fühlt sich klarer an. Ich bin ge-
sünder als je zuvor und kann mich entspannen. Ich befinde mich in den Händen eines brillanten Lehrers, der
weiß, was er tut. Das fühle ich intuitiv. Mein Zögern,
hierher zu kommen, zeigt mir, wie weit ich davon entfernt war, Babaji zu verstehen. Danke, Babaji, für deine
unendliche Geduld mit mir.

Bei jedem meiner Besuche scheint es einen Punkt zu
geben, eine schmerzvolle Phase gefühlsmäßig und körperlich, an dem ich gehen will. Der Kampf und die damit
verbundenen Schwierigkeiten scheinen zu groß zu sein,

um sie bewältigen zu können. Wozu? Das war die Frage, die immer wieder in mir aufstieg. Ich habe ein angenehmes Leben. Wünsche ich wirklich mehr Frieden in meinem Leben und in der Welt? Ist das überhaupt möglich? Schau, wie lange und wieviel Arbeit ich in mein eigenes Wachstum investierte, es war alles mehr als lohnend. Ich wünsche nur, es gäbe einen Weg, schneller vorwärtszukommen. Gibt es einen? Wenn ja, dann will ich mein allerbestes tun, um ihn zu finden. Meine positive Einstellung hat sich bewährt. All dies gibt mir die Überzeugung, daß es sich lohnt, diesen Weg weiter zu erforschen. Wie glücklich kann ich mich schätzen, einen solchen Lehrer wie Babaji zu haben. Mit ihm kann ich nicht fehlgehen.

Ich werde eine Zeitlang meditieren. Ist es notwendig, durch Schmerzen zu gehen, um das Leben zu verschönern? Oder gelingt es auch durch Freude, schmerzlos? Vor meinen geschlossenen Augen sah ich einen leeren weißen Stuhl. Es war die Antwort auf meine Frage. Um diesen leeren Zustand zu erreichen, muß man jenseits von Freude und Leid gehen. Und um ihn zu transzendieren, muß dieser Zustand zuerst erfahren werden. Mir wurde gerade ein Weg gezeigt durch die Kombination meines Wissens und die Erfahrung eines Feldenkrais-Seminars: Stell dir vor, daß die Energie sich vor und zurück bewegt, einige Male auf und ab, bevor man sie tatsächlich aufwärtsführt. Zuerst geschieht es langsam und im kleinstmöglichen Maß, dann im großen Ausmaß höher und höher hinauf, bis sie sich leicht und schnell auf und ab bewegt. Dann paße sie bewußt - aber ohne Vorstellung - dem Atem an. Hinauf mit dem Einatmen und hinunter mit dem Ausatmen. Dann anders herum... so schnell wie irgend möglich und noch schneller. Das

Rückgrat hinauf von der Basis zum Scheitel des Kopfes und abwärts aus der Mittellinie der Stirn und aus den Nasenlöchern hinaus.

Ich bemerke, daß ich voller Erwartung auf Babajis nächste Lehre bin. Mein Körper ist wieder gespannt, schwach, aber dennoch im Zustand einer Anspannung. Ich erinnere mich, daß er eines Morgens nach der Arbeit auf der Terrasse Wasser auf meine Hände schütten wollte. Sie waren schmutzig. Ich streckte ihm meine Hände entgegen, er aber zog daraufhin den Eimer fort. Ich zog meine Hände zurück und dachte: "Bin ich etwa zu gierig?" Neben mir saß eine Holländerin. Babaji goß Wasser auf sie. Ich blickte meine Hände an, sie waren schmutzig. Deshalb streckte ich sie ihm nochmals hin. Ich wollte sie vorgestreckt lassen. Nun lag es an Babaji, Wasser darauf zu gießen oder nicht. Ich hielt sie ohne irgend eine Erwartung ausgestreckt, und prompt schüttete er den ganzen Eimer darauf.

Immer, wenn ich nichts erwarte, scheint etwas Kraftvolles zu geschehen. Babaji erteilt dann immer eine neue Lehre. Deshalb vermute ich, daß man einen Zustand von Erwartungslosigkeit erreichen soll. Ein solcher Zustand ist ohnehin sehr entspannend: Gedankenleere, Stille, keine Erwartungen, in einer Erfahrung zu leben, in genau dieser Sekunde, was auch immer die Erfahrung sein mag. Habe ich Angst, so ist es an der Zeit, mich innerlich voll Liebe der Angst zuzuwenden, um göttliche Energie einfließen zu lassen. Habe ich Schmerzen, so soll ich ganz in sie hineingehen, um sie zu erfassen. Gerade jetzt fühle ich Schmerzen in meinem Rücken. Es tut weh, es schmerzt, ich tue weh.... ich will mir keine Pause gönnen, ich will es alles erfahren. Ich halte an meinen Schmerzen fest und beiße meine Zähne zusammen. Es sieht aus, als hielte dieser Zustand länger an. Ich will den Schmerz besiegen, und er kommt beharrlich in den verschiedensten Formen wieder, ist immer andersartig. Er sitzt sehr tief und ist sehr subtil. Bisher wußte ich nicht, daß er existierte. Es ist der Schmerz, den Vorstellungen anderer entsprechen zu müssen, um ihnen zu gefallen. Immer das Richtige zu tun, das Richtige zu sagen, so daß nur Gutes entsteht. Wie schwierig, es ist dabei so vieles zu beachten. Die ständige Aufmerksamkeit schmerzt. Ich beobachte nur meine Empfindung. Ich kann in jeder Sekunde aus ihr heraus. Ich muß nur meine Haltung ändern, aber ich will den Schmerz ganz erfahren, um ihn verstehen und auflösen zu können.... Ich bin verletzt von allen Leuten, die mich nicht unterstützen und mir weh tun wollen..... noch kann ich nicht an jemand bestimmtes denken. Doch vielleicht tut es mir weh, weil ich andere nicht unterstütze und verletze? Nein, ich will andere wirklich segnen.

Ich habe Angst davor, die zu sein, die ich wirklich sein möchte. Deshalb füge ich mir selbst Schmerzen zu, indem ich denke, daß die anderen mich nicht so sehen wollen. In Wirklichkeit bin ich es, die mich daran hindert, perfekt, leicht und frei zu sein. Andere könnten es mir übelnehmen.... Verwirf diese Gedanken. Sie sind ein Teufelskreis, ohne Wirklichkeit. Mit Sicherheit sind sie es nicht in der Gegenwart, vielleicht waren sie es in der Vergangenheit. Es ist schön, so zu sein, wie ich wirklich bin. Ich lege mich hin, atme und entspanne mich in den Schmerz hinein. Ich besänftige ihn mit meinem Atem. Soweit scheint alles mit den Moskitos in Ordnung zu sein. Ich glaube, meine bissigen Gedanken wirklich im Griff zu haben. Wir werden sehen, wie es mir heute Nacht ergehen wird.

Eines Tages fragte ich Babaji: "Welche Ursache hat der Schmerz, den ich fühle"? "Hast du innerlich Schmerzen"? fragte er. "Ja"! "Im Libanon wird gekämpft", war die Antwort. Ich verstand, daß, solange irgendein menschliches Wesen auf diesem Planeten Schmerzen erleidet, auch ich Schmerzen fühlen werde. Deshalb ist es jedermanns Aufgabe, Schmerzen zu lindern, zu heilen und nicht nur die eigenen.

3. August

Als ich heute morgen aufstand, wunderte ich mich darüber, was ich hier tue. Es ist, als sei ich in einem Land der Phantasie. Welches ist die Wirklichkeit? Ist sie hier oder im Westen, oder in beiden? Alle meine Zweifel an Babaji kommen hoch. Habe ich alles vergessen, was ich gelernt habe? Wieder werde ich an das Buch "1984" und an den "Großen Bruder" erinnert. Das gleiche Gefühl, daß meine Handlungen, meine Worte und sogar meine Gedanken bekannt sind, ist meistens vorhanden. Ich weiß, daß diese Zweifel irrational und nur ein kleiner Teil von mir sind. Vermutlich erkunde ich alle Möglichkeiten, die mir das Phänomen Babaji erklären können.

Ich nehme meine Versuche wahr, mich an früheren Erfahrungen festzuhalten, an der Vergangenheit, und ich erinnere mich weiter, daß es tausende von blitzenden Erkenntnissen gibt und sie alle verfügbar sind. Darum kann man loslassen.

Zweimal warf mir heute Babaji Bonbons zu, während ich vor ihm saß. Beim ersten Mal fühlte ich mich leicht, offen, gedankenlos. Dies ist der erwünschte Zustand - man fühlt sich wirklich am besten dabei - und hier warf er mir wieder ein köstliches Schokoladenkaramelbonbon zu.

Ein andermal stellte ich ihm in Gedanken die Frage: "Kann ich je verstehen, wer du bist?" Eine Antwort bekam ich nicht, dafür ignorierte er mich völlig. Ich vermute, ich werde niemals verstehen, wer oder was er ist. Wie erschreckend. Ich hätte gern die Fähigkeit, alles zu verstehen. Ein Gedanke stieg in mir hoch: Sind liebevolle Leute um Babaji herum, so ist er noch viel liebevoller.

Er erschien soeben auf der Bildfläche und ging den mit Blumen bewachsenen Weg hinunter. Er strahlte eine leuchtende zarte Energie aus, und ich fühlte sie in meinem Körper.

Obwohl ich weder gegessen noch Tee getrunken habe (doch, ich aß zwei Kekse und Bonbons), fühle ich mich schon so befriedigt und erfüllt und lasse zu, was passiert, ohne es zu analysieren oder zu erklären. Ich fühle mich sehr energiegeladen und entspannt und vertraue auf Babajis Führung.

OM NAMAH SHIVAY, ich grüße dich und alles. Ich ergebe mich dir und allem. OM NAMAH SHIVAY - wir sangen es und ich stimmte ein, um jede bekannte Person zu grüßen, zu segnen und mich ihr hinzugeben. Ich will hier zuerst in der Erfahrung verloren gehen, sie voll erleben und sie später beurteilen. Sie nur mit meinem Herzen und meinem Körper fühlen und meinem Verstand erlauben, sich auszuruhen. Er hat so hart gearbeitet, so viele Jahre lang. Er hat sich Entspannung verdient. Hier ist der vollkomme Ort zu lernen, sich selbst zu lieben. Dies ist keine selbstsüchtige Einstellung, sondern das Gegenteil. Je mehr ich mich wirklich liebe und akzeptiere, um so mehr kann ich andere lieben. Ich mache mir Gedanken über die Art, wie ich antworte oder auf Dinge reagiere, und bemühe mich, länger in diesem positiven Energiezustand angesichts anderer Leute zu bleiben. Doch überkommt mich Verlegenheit oder Selbstgefälligkeit, sobald ich mir dessen bewußt werde. Schließlich werden mir meine Reaktionen bewußt, aber der Gedanke ist jetzt, sie über Bord zu werfen.

Ich weiß, daß Babaji Klarheit über mich besitzt, trotzdem verstecke ich noch einiges. Es gibt da einen Teil in mir, der sich fragt, ob ich bin.... ob ich existiere. Hali sagte dazu: "Denke an die Herzensverbindung zu Babaji und öffne dich. - Ich sehe einen Weg, eine Verbindung zwischen seinem und meinem Herzen: Allen Schutt kehre ich von diesem Weg und sehe ihn hell und leuchtend. Das ist Ekstase."

4. August
Ich unterhielt mich mit Guruli, und viele interessante Dinge, mein Judentum betreffend, kamen zur Sprache. Sie saßen sehr tief. Wie minderwertig habe ich mich mein ganzes Leben lang gefühlt. Wie peinlich, zu leben. Diese Einstellung ist vielleicht wieder nur ein kleiner Teil von mir, aber ein Teil, den ich vor mir und anderen verstecke.

An diesem Morgen beim chandan-Auftragen zog Babaji zwei Linien entlang meinen Augen, so als ob er sie verlängere. Ich befragte Shastriji und Swamiji dazu. Sie antworteten, es wäre ein gutes Zeichen, es sei göttlich "deva" - ich bin also göttlich. Später, als ich etwas Schokolade zum Verteilen an die Inder für Babaji kaufte, sagte er mit leiser, kaum vernehmbarer Stimme: "Du bist." Es ist ein gutes Gefühl zu wissen, daß ich "bin" und es verdiene, zu leben. Endlich ist das Minderwertige in mir aufgelöst worden.

Letzte Nacht hatte ich einen interessanten Traum. In ihm half ich einem Freund mit ganzem Herzen. Es war ein erhabenes Gefühl, so hingebungsvoll an meine Freunde zu denken und ihr Glück zu wünschen. Am Ende des Traumes hörte ich die Worte: "Geh hinauf in dein Zimmer". Es war der Raum in meinem Herzen gemeint, von dem dieses schöne, segensvolle, friedliche Gefühl ausstrahlte. (In mein Zimmer gehen, um mich dort auszuruhen und zu entspannen - zu wissen, daß ich bin. Ruhig sein und lauschen. Ich bin Gott).

Meine Persönlichkeit macht mir Angst. Sexuell will ich niemanden anziehen, also bedeutet das, mein jetziges Aussehen aufzugeben. Das ist einer der Gründe, mir mein Haar zu scheren. Sexualität ist eine Gefahrenzone für mich. Ich möchte meinem Mann treu sein. Doch manchmal gerate ich in Versuchung, und das will ich nicht, denn ich liebe meinen Mann.

Babaji war oft sehr mutwillig und scherzhaft zugleich. Obwohl unsere Arbeit sehr ernsthafter Natur war, war sie gut ausgewogen, Lachen und Leichtigkeit begleiteten sie. Eines Morgens wachte ich sehr fröhlich auf und fühlte mich eins mit dem Universum. Zu dieser Zeit schlief ich in einer großen Halle mit über dreißig anderen Schülern aus dem Westen. Ein neu angekommener Australier lag auf seinem Schlafsack neben mir. Plötzlich robbte er zu mir herüber, machte Annäherungsversuche und nahm mich in die Arme. Meine höfliche Abwehr: "Kein Interesse!" ignorierte er und setzte seine Versuche fort. "Kein Interesse!" wiederholte ich lauter. Doch noch immer ignorierte er meine Worte. "Verpiß Dich", fuhr ich ihn an und schob ihn weg. Da ließ er mich in Ruhe. Später an diesem Morgen, als wir Babaji trafen, rief Babaji ihn zu sich herüber. Auf halbem Wege zu ihm ruschte sein lungi (ein Stück Stoff, das die Männer um ihre Hüften tragen) hinunter, und sein Hinterteil wurde zu jedermanns Gelächter sichtbar. Babaji bedeutete ihm, drei Tage lang auf dem Tisch in der Kirtanhalle zu sitzen. Die Kirtanhalle war der Platz, an dem wir uns zur Andacht, zur Meditation und zum Gebet versammelten. Da begriff ich, daß Babaji von diesem Vorfall wußte. Er rief mich zu sich und gemeinsam gingen wir zu dem Schlafsaal. Babaji setzte sich auf meinen Schlafsack und gebot mir, verschiedene Einzelteile, die ich im Gepäck verstaut hatte, herauszuholen. Dabei zeigte er genau auf die Stelle, wo sich jedes Teil befand. Er schien Radaraugen zu haben. Von Natur aus bin ich gewöhnlich etwas unordentlich und wußte daher nicht, wo ich die Sachen hingesteckt hatte. Ehrfurcht erfüllte mich vor seinem umfassenden Wissen. Babaji lächelte dazu und sagte mir dann, ich solle alle meine Habseligkeiten zusammenpacken und in einen anderen Raum umziehen. Als ich mich in meinem neuen Zimmer, das direkt neben Gaura Devis Raum lag, niederließ, kam Babaji herüber. "Kein Interesse!" murmelte er, "Kein Interesse!" Ich fragte mich scherzhaft, ob er wohl auch "Verpiß Dich!" wiederholen würde, aber er tat das nicht. Er lächelte nur und ging.

Später machte mir der Australier Vorwürfe und fragte: "Warum hast du ihm die Geschichte erzählt?" "Bist du verrückt, glaubst du, ich habe nichts besseres zu tun, als Babaji so etwas zu erzählen? Kein Wort habe ich erwähnt. Ist dir nicht bekannt, daß er alles weiß? Sogar deine Gedanken kennt er." "Nein, du hast es ihm erzählt!" bestand er. "Gut, ich kann dich nicht überzeugen, das macht auch nichts. Laß dir deshalb keine grauen Haare wachsen. Ich bin hier, um geistig zu wachsen und nicht wegen Sex."

Was fasziniert, ist die Art, in der Babaji uns alle auf so vielen Gebieten beschützt. Es ist erstaunlich, der Vorfall war es wert, zu erfahren, wie Babaji solche Begebenheiten handhabt. Niemand war zu diesem Zeitpunkt in dem Raum gewesen und Babaji ist immer zu dieser Zeit in seinen Räumlichkeiten. Es gab zudem zahlreiche andere Gelegenheiten, die mir zeigten, daß Babaji alles wußte, gleich, ob es sich in der Nähe oder meilenweit entfernt zutrug. Manchmal wurde ich dadurch paranoid. Meistens erheiterte mich jedoch dieses Phänomen. Bald jedoch wurde ich immer ehrlicher mit mir und meinen Gedanken. Ich brauchte mich nicht mehr vor anderen zu verstecken, es gibt nichts mehr, das ich verstecken kann, denn alles wird völlig enthüllt. Sehr oft mußte ich über meine eigene Dummheit lachen, wenn ich versuchte, Gedanken vor mir selbst zu verbergen. Es war die befreiendste Erfahrung meines Lebens, so entblößt zu sein. Ich verstand plötzlich, was Jesus meinte, als er sagte:

"Die Wahrheit wird euch frei machen."
Nie zuvor hatte ich gewußt, wieviel Müll in mir la-
gerte.

18. Juli

Dies hier ist etwas Neues und ein Bruch mit der
Vergangenheit. Ich will wirklich helfen, daß mehr Gutes
in der Welt entsteht. Ich weine. Wie soll ich sein, um das
zu erreichen? "Sei, wie du bist, gleich, was auch immer
geschehen mag. Sei ohne Wünsche oder Sehnsüchte anders beschaffen zu sein" höre ich innerlich... Ich weiß
nicht, wie ich Babaji ähnlich werden kann. Erst jetzt verstehe ich seine Worte: "Du bist!" und sie machen mich
verlegen. Ich fühle mich auch so unsicher mit Geldange-
legenheiten. Und wieder höre ich: "Du bist!". Nun gut,
ich habe kein Geld, es spielt auch keine Rolle, ich habe
die Liebe und es ist schön zu lieben. Ich habe die Freiheit zu lieben. Sexualität bringt Unruhe, verletzte Gefühle wie: "Warum fühlst du dich nicht von mir angezo-
gen? Magst du mich nicht?" Und dann gibt es den
Schmerz zu leben, wir meinen, es nicht verdient zu haben
zu leben, und tun aus diesem Grunde die seltsamsten
Dinge. Ich will sein wie du, Babaji? Ist das möglich?

Geldangelegen bringen mich immer auf die Erde zurück. Sobald ich da unten angekommen bin, wird mein
Schreiben zu einer Art Gekritzel. Aber ich muß, um zu
überleben, mit beiden Füßen auf der Erde stehen. Gelingt mir das nicht, so werde ich auf die Nase fallen.
Darum die Frage: Wie kann man beides zugleich sein,
göttlich und weltlich? Wie kann man werden wie du, Babaji? Meine Reaktionen anderen gegenüber stimmen.
Und es ist ein schönes Gefühl, sich gut zu fühlen und

göttlich zugleich. Eines gleicht dem anderen. Babaji und ich ZUSAMMEN, nicht er und ich getrennt. Du und ich, wir können beide wie Babaji sein. Viele Momente, in denen ich Babaji in mir fühlte, zeigten es mir.

Alle meine Fragen werden letztendlich beantwortet. Dessen bin ich mir sicher. Warum ist Babaji Inder? Warum nicht Jude oder Christ?
Babaji scheint alles zu sein,
auf eine sehr feine Art schön, dennoch sehr stark. Manchmal ist er westlich, manchmal östlich, manchmal uralt, zu andern Zeiten kindlich, manchmal freundlich oder grimmig. Immer spontan, aufrichtig, echt und gleichzeitig der beste Pantomimiker, den ich je gesehen habe.

8. August
Habe OM NAMAH SHIVAY und BHOLE BABA KI JAI wiederholt. Ich überreichte Babaji einige Bonbons und erhielt einen Keks. Guruli sagte zu mir: "Solange wir Vorlieben und Abneigungen haben, leben wir in der Dualität und können keine Erkenntnis erlangen." "Sieh zu, Guruli, daß du erleuchtest wirst. Am besten sofort. Und dann ziehe mich mit. Wage nicht, mich zurückzulassen! - Vollziehe den Schritt und nimm mich mit." Warum nicht? Heute ist mein letzter Tag. Ich bin bereit, meine Vorlieben und Abneigungen aufzugeben, um göttlichen Frieden und Segen zu erhalten.

Je mehr ich mich aus tiefstem Herzen anderen zuwende, sie segne, um so gesegneter bin ich. Dies geschieht mir oft spontan, einfach so. Dann aber falle ich zurück in die Dualität und mich überkommt ein Bedauern, ein wenig von dem abgegeben zu haben, was ich mir selbst wünsche.

Ich lutsche einen von Babajis Bonbons. Er ist hart. Ich bin zu hart mit mir. Ich tue nicht mein Allerbestes und wiederhole OM NAMAH SHIVAY.

"Babaji, warum ist es so schwierig, mich dir völlig zu übergeben"? "Bist du schwierig?"Ich hatte das Gefühl, als fragte er dies ein wenig überrascht. Dann drückte er seine linke Hand auf meine rechte Schulter. Ich fühlte ihre Anspannung und entspannte sie bewußt. "J...a". Die Meinungsänderung erfolgte durch die Erkenntnis, daß es überhaupt nicht schwierig ist. Ich bin offen und kann mich nun völlig hingeben.

Lebenshinweise

In meiner Praxis habe ich es wieder und wieder erlebt, daß viele Menschen, die zu mir kommen, keine positiven Bemerkungen, Komplimente oder Wahrheiten annehmen oder auch nur hören können. Sind sie bereit, sie anzunehmen, so hat es den Anschein, als seien sie neugeboren. Neue Möglichkeiten, Talente und verändertes Aussehen sind das Resultat, und sie stellen plötzlich fest, wer sie in Wirklichkeit sind.

Oft sage ich einem Klienten: "Sie haben Schwierigkeiten, Liebesbeweise anzunehmen!" Doch auch ich habe hier noch Probleme. Schichten und Schichten von Widerständen überlagern sich, werden aber subtiler, sobald sie abgeschält sind.

Ich erinnere mich an eine Flußüberquerung in Haidakhan. Der Wasserspiegel stand niedrig und es war einfach, durch den Fluß zu waten. Ich wußte, wie unbeholfen und verspannt mein Körper würde, wenn mich dabei jemand beobachtete. Intuitiv drehte ich mich um und bemerkte Babaji hinter mir in einer Gruppe von Leuten. Errötend vor Befangenheit setzte ich meinen Weg fort. Ob man mich beobachtete? Ich zwang mich, mich nicht umzudrehen und ging weiter und übertrieb meine Unbeholfenheit. Dabei sagte ich innerlich: "Sieh, wie unsicher ich bin und aussehe". Plötzlich war Babaji dicht hinter mir. Die anderen waren weit entfernt. Er mußte zu mir herübergerannt sein, und es sah aus, als ahme er mich nach. Ich mußte lachen und wußte, daß er meine Gedanken erfaßt hatte.

"Du bist eine Klassefrau"! sagte er dann. Zuerst gefiel mir seine Äußerung, dann aber wurde mir bewußt, daß ich noch dem Model-Wunsch-Niveau verhaftet sein mußte und war darüber aufgebracht. Babaji fügte noch hinzu: "Top land" (oberstes Land). Das gefiel mir schon besser, denn mein jüdischer Name Shdema bedeutet "top land".

Oftmals war ich darüber bekümmert, daß meine negativen Schwingungen das Energieniveau, die Reinheit dieses Ortes hier, beeinträchtigen könnten. Dann sagte Babaji eines Tages zu mir: "Du hast gute Schwingungen". "Danke", erwiderte ich, wie so oft. "Thank you, dank you"... ahmte er mich nach und sagte, ich solle nicht "danke" sagen, weil ich damit das Kompliment von mir weise. Wie schwierig, etwas Positives anzunehmen. Kritik verunsichert mich und Lob weise ich zurück. Welch menschliches Dilemma!

Babajis Fähigkeit, Gedanken zu lesen, erstaunte mich maßlos. Zuerst erschreckte sie mich zu Tode, dann fand ich es amüsant und erheiternd. Bald gewöhnte ich mich daran und nahm es wie jedermann um mich herum zur Kenntnis. Er las nicht nur Gedanken, sondern wußte um jede Handlung, ob nah oder fern. Manchmal, wenn wir in der Kirtanhalle saßen, hatte es den Anschein, als unterhielte er sich mit uns allen gleichzeitig, aber jeder erhielt eine andere Mitteilung. Manchmal sprach er direkt zu einigen, aber alle, die zuhörten, empfingen eine andere Botschaft.

Einmal hörte ich ihn in zwei Sprachen zur selben Zeit reden. Das geschah am Flußufer. Ich saß neben ihm und bemerkte zwei Ringe an seinen Fingern. Der eine sah einfach aus und hatte drei runde Steine. Der andere war kostbarer und schien mit vielen Diamanten besetzt zu sein. Babaji blickte mich an, und ich meinte, seine telepathische Aufforderung zu vernehmen, einen von den Ringen auszuwählen. Um nicht in Versuchung zu geraten, schaute ich fort. In diesem Augenblick trat ein Inder zu uns und zeigte Babaji eine Tüte mit grünen Bohnen. Babaji sagte ihm etwas auf Hindi, und genau zur selben Zeit vernahm ich: "Was glaubst denn du..... einer!" Ich blickte wieder auf die Ringe und überlegte, welcher mir wirklich gefiel und entschied mich für den mit den Diamanten. Babaji sagte: "O.K." und schickte mich dann fort. Symbolisch hatte er mich vor die Wahl gestellt. Wollte ich die materielle oder die geistige Welt? Die drei Steine repräsentierten die Dreifaltigkeit und die Diamanten weltlichen Reichtum. Reichtum schien mir in diesem Moment das Begehrenswerteste, und ich wollte beides, das Geistige und das Materielle. Auch war hier die Dualität mit im Spiel. Beide Seiten waren gleichzeitig vorhanden wie die zwei Seiten derselben Münze. Die Wahl zwischen "entweder-oder" muß nicht sein - so sehe ich es heute. Geld zu haben, ohne daran zu hängen, ist das Wahre. Wiederum ist es nur eine Frage der Zeit, bis ich diese Einstellung gänzlich akzeptiert habe.

Mehr und mehr erkenne ich, wie trivial in Erfüllung gegangene Wünsche sind.

Dennoch, wären sie nicht erfüllt worden, würde ich noch immer unter ihnen leiden, mich nach ihrer Erfüllung sehnen, ohne zu wissen, daß sie alle Illusion sind und aus der Vergangenheit stammen. Leider vergesse ich das oft und falle deshalb aus meinem Paradies der

Wunschlosigkeit. Kommt mir dieses ins Bewußtsein, so bin ich wieder in Ekstase.

Babajis Fähigkeit, auf meine Gedanken zu reagieren, überraschte mich, stellte mich bloß und beschämte mich, obwohl es manchmal nichts gab, dessen ich mich zu schämen brauchte. Anscheinend schämte ich mich meiner positiven wie negativen Eigenschaften. Eines Tages arbeitete ich als Aufsicht. Dabei kamen Gedanken, wie schön es wäre, wenn ich nichts mehr zum Leben benötigte, weder Nahrung noch Schlaf. Erst dann wäre ich wirklich fähig, ein liebevoller Lehrer zu sein. Auch wären dann meine Lehren rein, weil ich keine Gegenleistung mehr brauchte. Inmitten dieser Gedanken erschien plötzlich Babaji und kam zu mir herüber. Er gab mir seinen Stab, den er manchmal bei sich trug. Ich schämte mich und hätte mich am liebsten versteckt. Es war, als hätte ich den guten Kern in mir offenbart, der in mir steckt. Und das durfte nicht sein. Dieses Gefühl überkam mich. Eigentlich hätte ich mir für meine Denkweise gratulieren sollen.

"Was bedeutet Shivani?" fragte ich eine Inderin. Diesen Namen hatte mir mein früherer Tantrameister gegeben. Er bedeutete "Göttin der Liebe", so hatte man mir früher erklärt. Nun wollte ich wissen, wie Inder um Babaji ihn interpretierten. "Ein Mitglied der Shiva Familie", war ihre Antwort. "Aha", dachte ich. Später waren wir auf der Seite des Tales, wo Tempel zur Ehren der göttlichen Mutter errichtet wurden. Die göttliche weibliche Energie würde sich in der kommenden Zeit verstärkt bemerkbar machen, so hatte man mir erzählt. "Shivani, ein Mitglied der Shiva Familie. Ich hätte nichts dagegen, ein Mitglied dieser Familie zu sein. Nicht übel". Mitten bei diesen Gedanken rief mich Babaji. "Shivani!" Zuerst glaubte ich, ich hätte geträumt, noch nie zuvor hatte er mich bei diesem Namen gerufen. Er nannte mich immer "Lady" (Dame), oder "Israeli Lady" (israelische Dame). Er wiederholte noch einmal: "Shivani!" Da wußte ich, daß ich nicht träumte. Sheila, die neben mir stand, sagte zu mir: "Babaji ruft dich, warum antwortest du nicht?" Ich war zu überwältigt.

Später beschloß ich, Babaji nach der Bedeutung dieses Namens zu fragen. "Was bedeutet Shivani?" "Shivas Frau oder Gemahlin", erwiderte er. Ein tiefgründiger und ernster Blick lag auf seinem Gesicht. Dann ging er fort. Ein Teil von mir wollte diese Antwort nicht ernst nehmen und zog sie ins Lächerliche. Es war mir peinlich, mir gegenüber ehrlich zu sein.

Bei meinem ersten Besuch überlegte ich, ob ich meine Doktorarbeit beenden sollte oder nicht. Sie machte mir viel Arbeit und ich fragte mich, wozu ich den Doktortitel benötigte. Bei all dem Wissen, das mir in Haidakhan zur Verfügung stand, warum sollte ich mich da abmühen? Sollte ich Babaji um Rat in dieser Angelegenheit fragen? Ich entschied mich dagegen. Angenommen, ich solle meine Doktorarbeit beenden, dann würde ich mich dazu verpflichtet fühlen. Und ich wußte nicht, ob ich mich zu irgendetwas verpflichtet fühlen wollte. Gerade da rief er und fragte: "Bist du ein Professor?" "Ein halber Professor", war meine Antwort. "Ich unterrichte an der Universtiät und habe meinen Magistertitel." "Ja, ja, du bist ein Doktor Professor", entgegnete er. Zutiefst berührt ging ich auf meinen Platz zurück.

Am letzten Tag meines neunten Besuches bei Babaji besuchte ich die neun Tempel, die für die verschiedenen göttlichen Manifestationen errichtet worden waren. Als ich in einen der Tempel trat, sah ich, daß der Raum sich bewegte. Er atmete. Abbilder von Männern und Frauen waren an der Decke und an den Wänden. Liebevoll und werbend schauten sie sich an. Es war erschreckend und faszinierend zugleich. Nie zuvor war ich Zeuge eines solchen Phänomens gewesen. Als ich näher hinschaute, verwandelten sie sich plötzlich in Dämonen. Sie griffen einander an, um sich zu zerfleischen. "Aha", dachte ich, "also Männer und Frauen unserer heutigen Gesellschaft. Zuerst Umwerbung, Liebesaffairen, Hochzeit und dann bricht die Hölle los. Kampf, Geschrei und Schlägereien!"

Als ich die Tempel verließ, bedeutete Babaji mir, mit den anderen Steine zu tragen. "Das ist wirklich gut!" dachte ich "mir verbleibt nur noch so wenig Zeit vor meiner Abreise". Zum ersten Mal, glaube ich, hatte ich nichts gegen diese Arbeit einzuwenden. Ich fühlte keinen Widerstand. Ich hob die Steine auf, um sie in den Fluß zu werfen; es sollte eine Brücke gebaut werden. Mit jedem Stein, den ich aufnahm, wurde mir ein im Kopf herumschwirrender Gedanke bewußt. Auf den ersten Blick sah er sehr attraktiv aus und ähnelte den Liebenden im Tempel. Es war, als hörte ich: "Ich bin ein attraktiver Gedanke, höre mir zu, höre mir zu!" Zuerst schenkte ich den Gedanken Aufmerksamkeit, dann aber verspannte sich mein Körper und die Gedanken begannen mich zu fesseln. Als ich das bemerkte, warf ich mit den Steinen auch die Gedanken fort. Sogleich fühlte ich mich friedvoller und glücklicher. "Das also ist die Antwort! Gedankenlos zu sein, ist das Wahre". Welche Freiheit, keine Gedanken zu haben. Kontrolliere ich meine Gedanken, dann steigen bessere, gehaltvollere und reinere aus der Tiefe empor. Gaura Devi und Babaji waren in der Nähe. Ich rannte sogleich zu ihr hinüber, ich konnte es nicht erwarten, ihr meine Einsicht mitzuteilen. Als ich ihr mein Erlebnis bei den Tempeln erzählte, sah ich Babaji bewegungslos dasitzen. Es war, als sage er mir "Auf Wiedersehen", ein wortloses, rein geistiges Auf Wiedersehen. Dann stand er auf und ging fort, so, als sei das Märchen beendet. Mein Gesicht begann zu zucken, doch blieben meine Augen tränenleer. Kein Bedauern stieg in mir auf. Das war das letzte Mal, daß ich Babaji physisch sah.

Einige seiner engsten Schüler deuteten an, daß er 1989/90 wiederkehre.

Bei manchen Gelegenheiten sprach Babaji Hebräisch zu mir. Einmal sagte er: "Shiray" (es bedeutet "meine Lieder") und prompt hörte ich schöne, göttliche Melodien. Ein andermal fragte er mich auf Englisch: "Bist du ein Mann oder eine Frau?"

"Beides, ein Mann und eine Frau!" entgegenete ich.

"Nein, du bist eine Frau!"

Später arbeitete ich in den Steinen. Ich hob sie auf und gab sie an die Bauenden weiter. Dabei fühlte ich mich zäh und stark wie ein Mann. Babaji kam herüber und ich hörte ihn "At Tov" auf Hebräisch sagen. Es bedeutet: "Du bist gut". "Du" war in der femininen Form gesagt, "gut" in der maskulinen. "Todah" antworte ich lässig und war nicht im geringsten erstaunt, daß er Hebräisch sprach. Erst viel später wurde ich mir dieser Tatsache bewußt und war sprachlos.

Das Erreichen von Lebenszielen

Liebe Gott, segne ihn, jeden und alles immerfort. Durch die Wiederholung von Gottes Namen vierundzwanzig Stunden am Tag werden alle Wünsche wahr. So einfach ist das.

Entspanne dich jetzt und erfreue dich deines Körpers. Atme tief und betrachte all die Herrlichkeiten um dich herum. Erfreue dich an ihnen. Du hast genügend Nahrung, um dich zu sättigen und du schläfst unter einem warmen Dach. Alles andere ist Illusion und beinhaltet Konditionierung aus der Vergangenheit darüber, was wünschenswert ist und Wohlbefinden verschafft. Freue dich an deiner Reinheit, an deiner Einmaligkeit. Die Arbeit, die du verrichtest, ist so gut wie jede andere. Sind deine Gefühle ausgewogen und gesund, so spielt es keine Rolle, welcher Arbeit du nachgehst. Arbeit ist Arbeit ohne jeglichen Unterschied. Habe Bilder schöner Landschaften, einem Strand, einer Insel mit Sonnenuntergang oder einem köstlichen Essen im Sinn und sieh, schon genießt du die Früchte deiner Arbeit. Auch die Wünsche, nach deren Erfüllung du dich sehntest, sind schon erfüllt. Alles, was du jetzt tun mußt, ist, die Verdienste deiner Arbeit zu genießen. Warum Zeit verschwenden? Warum warten, bis sie sich materialisieren? Glaube an ihre Erfüllung. Es ist nur eine Frage der Zeit. Lebe mit diesem Wissen und stell dir vor, wie es sein wird, wenn du alles bekommen hast. Würdest du dann nicht sagen: "Ich wünschte, ich hätte den Prozeß dahin mehr bewußt genossen". Nimm das als Anleitung zum Handeln, um Entscheidungen zu treffen. Das Beste ist auch das Heilsamste für dich.

Oftmals habe ich Schwierigkeiten, mich zu öffnen, um meinen Mitmenschen Liebe zu schicken, sie zu segnen, denn normalerweise beurteile ich sie zuvor, ob sie dieses verdienen oder nicht. Zudem fürchte ich auch, daß diese guten Wünsche ihnen mehr Vorteil einbringen als mir, meiner Stadt oder meinem Land. Neid steigt hoch und tut weh. Der Körper verspannt sich, und die Segnungen können sich nicht vollends entfalten. Das Wissen um das Wirken von Segnungen - je mehr ich ausschicke, um so zahlreicher kehren sie zu mir zurück - ist der Weg, diese Gefühle zu überwinden. Der Körper öffnet sich und alle Körperfunktionen arbeiten sanft und harmonisch. So steht mehr Energie zur Verfügung für mich, meine Arbeit und zur Erreichung meiner Ziele. Je entspannter und tatkräftiger ich bin, umso mehr Klarheit und Leistungsfähigkeit entwickelt sich in mir. Folgegerecht muß der Gedanke auftauchen, ob ich auch jemanden wie Hitler segnen darf, oder einen niederträchtigen Menschen. Ja, denn seine Existenz ist schon schlimm genug. Sollte ich seinetwegen meinen Körper blockieren? Auch ein gemeiner Mensch sehnt sich nach Liebe.

Diese reine Energie kann sein Bewußtsein verwandeln, mehr Klarheit in seinen Geist bringen und schließlich seine negativen Handlungen in positive umwandeln.

Negative Gedanken, die mir begegnen, beobachte ich; sie sind alte Konditionierungen. Dann öffne ich mein Herz, um Liebe auszusenden. Alsdann öffnet sich mein Körper wieder und empfindet die wohltuende Ekstase einmal mehr. Es scheint, als schnürte jeder negative Gedanke meinen Fortschritt ab. Positive Gedanken, Bilder,

Gefühle machen mich aufnahmebereit, verjüngen mein ganzes System, den Körper, Verstand und Geist. Wisse, daß du es bist, der deinen Weg wählt. Zwinge dich nie zu dem Gedanken "ich muß". Sei nicht unerbittlich mit dir selbst. Besonderen Segen bringt Geld, das du ausgibst, wenn du es aus vollstem Herzen segnest.

BABAJI

Selbstheilungstechnik

Bei meinem ersten Aufenthalt rief mich Babaji eines Morgens zu sich und gab mir eine seltsame Botschaft. "Gehe schnell zum Fluß, wasche deine Kleider, wasche deinen Körper mit Seife und öffne dich." "Schnell!" wiederholte er mit Nachdruck, als ich ihn verwirrt anblickte. Ich hatte heute morgen schon gebadet, was sollte die plötzliche Hast? Ich blickte ihn weiterhin nach Verständnis heischend an. "Schnell", wiederholte er lauter. Ich ging weg, drehte mich aber von Zeit zu Zeit nach ihm um, damit ich einige Gesten erhaschen könnte, die mir zeigen würden, was er meinte. "Mach schnell", hörte ich wieder. Ich ging in mein Zimmer, holte meinen Eimer, meine Seife und das Waschpulver für die Kleidung. Gemächlich ging ich dann auf den Fluß zu, als ich seine Stimme innerlich hörte: "Beeil' dich!". Sie veranlaßte mich, schneller auszuschreiten. Doch bald verlangsamte ich meinen Schritt. Was soll die Eile? "Schneller", hörte ich wieder. Plötzlich, als ich mich dem Fluß näherte, überfielen mich die qualvollsten Bauchschmerzen meines Lebens. Sie schienen stärker als Geburtswehen zu sein. "Ich sterbe", war meine Schlußfolgerung, "das muß die Cholera sein! Mein armer Mann, mein armer Sohn, sie werden mich hier niemals finden, dies ist der entfernteste Ort auf diesem Planeten!" Babajis Anweisung kam mir in den Sinn. Ich rannte ohne viel zu überlegen und erlitt einen furchtbaren Anfall von Diarrhoe. Ich konnte kaum rennen und kämpfte mich durch zum Fluß. Ich hatte nicht die Kraft, meine Kleider auszuziehen, um sie zuerst zu waschen, deshalb stürzte ich mich bekleidet in die Fluten. Ich erinnerte mich, daß Babaji gesagt hatte: "Wasche deine Kleider". So nahm ich meine Seife und rieb die Kleidung ab, dann meinen Körper. Ich glaubte, ohnmächtig zu werden, aber irgendwie schaffte ich es. Dann hörte ich die Worte: "Öffne deinen Körper". Ich legte mich ins Wasser während ich mich fragte, wie ich das wohl anstellen sollte. So stellte ich mir vor, wie sich mein Körper in der Mitte öffnete und die Wasserfluten geradewegs durch mich hindurchflossen und alle Krankheit fortspülten. Bald waren die Schmerzen völlig verschwunden. Nach kurzem stand ich auf, fühlte mich erfrischt und wohlauf, so als ob nichts geschehen wäre.

Diese Technik half mir bei vielen Gelegenheiten, wenn ich krank geworden war. Steht kein Fluß zur Verfügung, so benutze ich die Dusche oder die Badewanne als Ersatz und stelle mir vor, daß mein Körper sich öffnet, um das Wasser hindurchfließen zu lassen.

Babaji kam manchmal zum Fluß, während wir unser Bad nahmen, und bedeutete uns, die Worte: "Hare ganga bole" zu wiederholen, während wir uns wuschen. Oft hörte ich ihn "heiliges Wasser, heiliges Wasser" murmeln. Er sagte, sie bringen Glück. Zweimal täglich ein Bad zu nehmen war ein wichtiger Teil des Reinigungsprozesses und der Ashramroutine.

Das Folgende ist eine tiefgründige tibetische Selbstheilungstechnik, eine Methode, die eigenen Kräfte zur Heilung eines jeden physischen Leidens zu vitalisieren. Die Technik besagt nicht, daß auf medizinische Hilfe verzichtet werden sollte. Im Gegenteil, jedes bekannte Wissen, das wirkt, sollte immer angewendet werden. Hier die Technik, wie sie von Soma Krishna gelehrt wurde:

1. *Lege dich auf den Rücken, entspanne dich und atme einige Male tief.*

2. *Stelle dir vor, wie dein Sonnenge- flecht atmet (unterhalb des Zwerch- fells und über dem Bauchnabel). Obgleich Luft durch die Nase ein tritt, wirst du bald das Gefühl haben, als atmest du durch das Sonnengeflecht.*

3. *Stelle dir vor, du ziehst durch dein Sonnengeflecht eine silberne, nebel- artige Substanz ein; im Osten als prana bekannt. Es ist die Lebens- oder die heilende Energie des Kos- mos. Diese Energieform ist sehr sub- til und konnte bisher noch nicht durch heutige Instrumente wahrgenom- men werden.*

4a. *Ziehe den silbrigen Nebel beim Ein- atmen in das Sonnengeflecht und halte ihn da eine Sekunde. Beim Aus- atmen schicke die Energie in dein linkes Beim hinunter, weiter bis zu den Zehen und den Nägeln. Fülle damit ein Drittel des linken Beines.*

4b. *Atme ein und fülle ein weiteres Drittel des linken Beines. Stelle dir vor, daß die neblige Substanz jede Zelle heilt.*

*4c. Atme ein und fülle das ganze linke
Bein.*

*4d. Wiederhole das gleiche mit dem
rechten Bein.*

*4e. Atme ein und fülle den unteren Teil
deines Körpers vom Sonnengeflecht
abwärts mit allen inneren Organen.*

*4f. Atme ein und fülle den oberen Teil
deines Körpers samt aller inneren
Organe oberhalb des Sonnengeflech-
tes, einschließlich der Nackenpartie.*

*4g. Atme ein und fülle den linken Arm
einschließlich der Nägel.*

*4h. Wiederhole dasselbe mit dem rechten
Arm.*

*4i. Atme ein und fülle die linke halbe
Seite deines Kopfes. Dann die rechte
Seite.*

*4j. Atme ein und fülle den hinteren Teil
deines Kopfes und dann den vorderen
Teil deines Gesichtes.*

*5. Dein ganzer Körper ist jetzt mit der
silbrig-nebligen Substanz gefüllt.*

Sie heilt jede Zelle. Um eine be-
stimmte Zone zu heilen, bedarf es
zusätzlicher Behandlung: Schicke die
Substanz in die Zone hinein, und das
wichtigste: Stelle dir diese Zone
schon als geheilt vor, so vollkommen
als wie zur Zeit deiner Geburt, vi-
brierend vor Gesundheit, umgeben von
reiner, weißer Energie oder Licht.

6. *Übe jeden Tag, etwa 10 Minuten oder*
   länger beim Aufwachen und vor dem
   Einschlafen. Diese Technik ist das
   beste Schlafmittel.

Es gab manchmal Gelegenheiten, wo ich mich sehr
krank fühlte. In Indien scheint Krankheit ein Teil und
Bereich des Wachstumsprozesses zu sein. Doch sobald
ich mich entspanne und die Tibetische Heilung anwende,
verschwindet meine Krankheit innerhalb weniger Minuten. Ich muß eine der wenigen in Indien gewesen sein,
die kaum jemals krank war bei all den neun Besuchen. So
viele Leute litten unter Krankheiten. Ich schreibe meine
Gesundheit hauptsächlich dieser Technik zu, und ich
wende sie täglich an. Hier im Westen war ich in der
Lage, auf diese Art Tumore in meinem Uterus und All-
ergien, unter denen ich zehn Jahre lang litt, zu heilen.
Desgleichen Erkältungen, Grippen etc. Ich scheine die
Fähigkeit zu haben, mich beinahe immer in wenigen Minuten heilen zu können.

Empfehlung

Die Welt ist in ihren eignen Aktivitäten
- *bewußter und unbewußter Handlungen* -
gefangen,
außer, wenn sie Gott gewidmet sind.
Weihe ihm deshalb jegliche Tätigkeit
und erwarte keinen Lohn dafür.

OM NAMAH SHIVAY

Babadschi

Botschaft vom Himalaya

Weitere Literatur erhältlich bei: Gertraud Reichel VERLAG
und VERSAND, Reifenberg 36, 8551 WEILERSBACH,
TEL.09194-8900

Maria Gabriele Wosien:
BABADSCHI -
Botschaft vom Himalaya
112 Seiten, TB, DM 9,80
ISBN 3-926388-00-5

DAS klassische Buch über BABAJI, erstmals 1978 im Fischer Verlag
erschienen. Neu herausgegeben im Mai 1986 im Gertraud Reichel
Verlag. Mit 24 s/w Bildern und einem Nachwort der Autorin zu der
Neuausgabe und zum Mahasamadhi BABAJI's (Febr. 1984).

Über dieses Buch

Wir befinden uns in einer Zeit des Umbruchs, an der Schwelle zu einem
Neuen Zeitalter, wie viele glauben, oder am Abgrund, der endgültigen
Vernichtung der menschlichen Rasse, wie andere fürchten. Tatsächlich
haben sich die Verhältnisse seit Beginn unseres Jahrhunderts so zuge-
spitzt, daß nur noch ein radikaler Wandel des Bewußtseins der Menschen,
das immer der letzte Grund und Ursache für die selbstgeschaffenen
Lebensbedingungen ist, das »Ruder herumwerfen« und das Raumschiff
Erde einer sicheren Zukunft entgegensteuern kann.

An solchen Wendepunkten der Geschichte, wo sich beide Möglichkeiten: *Sein* oder *Nicht-Sein,* zum Extrem verdichtet, gegenüberstehen und
der Mensch in Verantwortung für seine ganze Spezies wählen muß, wird
ihm aus anderen Seinsbereichen auch immer verstärkt Hilfe zuteil. Viele
große Seelen inkarnieren sich, um den verirrten Menschen in menschli-
cher Gestalt den Weg zu weisen, der aus dem drohenden Chaos führt.

So auch jetzt. 1970 erschien am Fuße des Kailasch Berges im Himalaya –
seit altersher als Sitz der Götter und Zentrum der Welt verehrt –
Babadschi wieder in einem irdischen Körper und lebt seither unter den
Menschen.

Babadschi gilt als ein ›Avatar‹, d. i. eine Verkörperung des Göttlichen
selbst – Avatare erscheinen selten, und immer nur an solchen entschei-
denden Zeitenwenden, wenn nur noch das direkte Eingreifen des
Göttlichen selbst den Lauf der Geschichte ändern kann.

Babadschi gilt als die Inkarnation des Gottes *Schiwa,* des großen
Zerstörers des Alten und Wegbereiters des Neuen, das sich manifestieren
will. Yogananda spricht in seiner »Autobiographie eines Yogi« von ihm
als dem großen Führer der Menschheit im Verborgenen und dem ewig
jungen, nie sterbenden Babadschi, der den Menschen mit seiner körperli-
chen Unsterblichkeit den Hinweis gibt auf noch unentdeckte Entwick-
lungsmöglichkeiten, die im Menschen selber liegen: die Unsterblichkeit
im Körper, auf der Erde.

Welchen Weg werden die Menschen wählen?

Der
Tanz Shivas

La Danza di
Shiva

The Dance of Shiva

OM NAMAHA SHIVAYA

Immer hat es in der Erd- und Menschheitsgeschichte die großen Zeitenwenden gegeben: alte Kontinente und Kulturen versanken, um einer
völligen Neuordnung des irdischen Lebens Raum zu geben.

Sehr viele Menschen heute in Ost und West glauben, daß wir wieder vor
einer solchen Umwälzung stehen. Dem westlichen rationalen Denken drängt
sich dieser Schluß aus der Beobachtung des gesellschaftlichen Lebens
auf; der intuitive Geist des Ostens, der gern personifiziert, sagt, daß
SHIVA - der Gott der Zerstörung und Erneuerung - tanze . . .

denn es ist etwas in Bewegung geraten. Und in einem immer heftiger
werdenden, wirbelnden Tanz des Gottes werden die alten Formen, die zum
Gefängnis geworden sind, zerschlagen, um einer neuen Welt, die geboren
werden will, Platz zu machen.

DER TANZ SHIVAS ist ein besonderes Buch.

Es ist aus der Begegnung der zwei Welten entstanden; und es erzählt die
Geschichte von Shiva nicht in altindisch religiöser Mythologie, sondern
gestaltet und veranschaulicht sie anhand von Bildern - Gemälden -, die
erst jüngst entstanden sind.

Und das ganz Besondere ist, daß diese Aquarelle jener große Meister vom
Himalaya, bekannt als Babaji, gemalt hat, der als die Verkörperung
Shivas verehrt wird.

So bietet sich dem Leser und Betrachter dieses Buches die einmalige
Gelegenheit einer bedeutsamen und vielschichtigen Begegnung: mit einer
Idee . . . einer großen Kunst . . . mit einem großen Wesen . . . und
einer hochaktuellen Wirklichkeit.

Der Tanz Shivas / La Danza di Shiva / The Dance of Shiva
dreisprachig; 49 S., 31 farb. Abb.; Einleitung und bildbegleitende Tex-
te aus Veda und Upanishaden u. Zitaten Babajis. Hrsg. v. M.-G. Wosien.
gebunden, DM 32,50.

10 weitere Aquarelle Babajis sind als Poster im DIN A4-Format in einer
Mappe gesammelt. Diese eignen sich besonders als Wandschmuck und
Meditations"objekte".
Babaji: Aquarelle. DM 36,-.

Erhältlich im Buchhandel und beim Verlag.

ch. falk verlag
8033 planegg · richard strauß-str. 19 · tel. (089) 8599283

In den unzugänglichen Höhlen und Erdspalten des Himalaya meditieren seit Jahrtausenden göttliche Wesen, Yogis und Heilige in tiefer Versenkung und lenken die Geschicke der Menschheit. In einer Höhle am Fuße des Kailashberges wurde Babaji 1970 im Zustand des Samadhi gefunden und als Mahavatar, zeitlose, göttliche Inkarnation, erkannt. Alte Überlieferungen, Voraussagen und Berichte von Schülern, sowie Träume und Visionen kündigten sein Kommen an.

Babaji lehrte von 1970-1984 und rief Schüler aus allen Kontinenten zu sich. Wer er war, wie und wo er lehrte und lebte, versuchen die folgenden Erlebnisberichte aufzuzeigen. Sie lassen ihn vor unseren Augen lebendig werden. Erwecke auch Du ihn in Deinem Herzen.

Verlag Michael Hesemann, Postfach 2223, D-3400 GÖTTINGEN:

Gertraud Reichel (Hrsg.):
UNERGRÜNDLICH TIEF WIE DAS MEER — Babaji: 108 Begegnungen
130 Seiten, TB., DM 18,–

Maria-Gabriele Wosien (Hrsg.)
Ich bin Du
Babaji – Botschaften des Meisters vom Himalaya
120 Seiten, 11 Fotos, TB, DM 16,80

Als 1970 zwei Brahmanen ihrer Traumversion folgten, fanden sie in einer Höhle nahe dem nordindischen Haidakhan einen jungen Mannn von "strahlender Schönheit", der sich als Inkarnation des Himalaya-Heiligen Babaji ("ehrwürdiger Vater") zu erkennen gab. 14 Jahre weilte Babaji unter uns, bis er, wie zuvor angekündigt, am 14. Februar 1984 seinen Körper freiwillig aufgab und ins Mahasamadhi, das "höchste Bewußtsein", einging.

Einen authentischen Querschnitt durch die wichtigsten Reden, Lehren und Prophezeiungen Babajis, den viele Inder als "Avatar", als Inkarnation des Gottes Shiva, verehren, finden sie in diesem Buch. Zudem gibt seine deutsche Biographin, Maria-Gabriele Wosien, eine Einführung in Leben und Werk dieses Meisters.

Ein 2000-Taschenbuch im Verlag Michael Hesemann, Postfach 2223, D-3400 Göttingen 1

Wieder neu aufgelegt:

"BABAJI spricht: Prophezeiungen und Lehren"
Teile 1 und 2 als Gesamtausgabe
Babajis Reden an seine Schüler aus den Jahren
1979 bis 1984

Übersetzt aus dem Englischen, ca. 140 S. ... DM 12,--
Gertraud Reichel Verlag, Reifenberg 36,
D 8551 WEILERSBACH
ISBN 3-926388-03-X

NEUERSCHEINUNG voraussichtlich Mitte 1987:

BABAJI - Pforte zum Licht, v. G. Reichel,

Ca. 190 Seiten, ca. 18 x 11 cm, ... DM 18,--
Gertraud Reichel Verlag, Reifenberg 36,
D 8551 Weilersbach
ISBN 3-926388-12-9

Durch Traumvisionen geleitet fanden 1970 zwei indische
Brahmanen in einer Himalaya Höhle einen jungen Sadhu "von
vollkommener Schönheit", der wochenlang unbewegt in perfekter
Yoga Haltung saß. Schließlich gab er sich als Inkarnation des
legendären Babaji zu erkennen, eines Himalaya-Heiligen aus dem
19. Jahrhundert, der seine Rückkehr angekündigt hatte. In den
folgenden Jahren lebte und lehrte Babaji im nordindischen
Haidakhan, bis er schließlich auf Ankündigung und, wie er sagte,
"nach Erfüllung seiner Aufgabe" freiwillig Anfang 1984 seinen
Körper verließ.

Frau G. Reichel, die Babaji mehrfach in Haidakhan aufgesucht
hatte und mehrere Reisen durch Indien mit Babaji unternehmen
durfte, schildert in diesem Buch ihre Erlebnisse.

Dr. Shdema Goodman leitet eine Privatpraxis
als Psychotherapeut in Livingston, New Jersey. Sie
gründetete das Biofeedback Institute and Stress
Management Center in 201 S. Livingston Avenue,
Livingston, N.J. In den Jahren 1978 - 1984 besuchte sie BABAJI, den unsterblichen Meister, wie
Yogananda ihn in der "Autobiographie eines Yogi"
beschrieben hat. Babaji lebte in Haidakhan, einem
kleinen Ort zu Füßen des Himalaya.

Ihre weitreichenden Erfahrungen auf dem Gebiet des inneren Heilens, die sie in workshops bei
den Vereinten Nationen (United Nations) weitergab,
machten ihre Methode bekannt. Ferner hält sie
Vorlesungen, leitet internationale Workshops, lehrt
Gestalt Therapie, Hypnosetherapien und Biofeedback.

"Am Quell der Wahrheit" ist Shedema
Goodmans zweites Buch. Ihr erstes Buch "Come
Alive" ist bisher nur in Amerika erschienen.

ISBN 3-926388-08-0